Elizabeth Clare Prophet

Botschaften aus der Engelwelt – Die Engel dir zur Seite

W0060316

BOTSCHAFTEN AUS DER ENGELWELT

DIE ENGEL
DIR ZUR SEITE

ELIZABETH CLARE PROPHET

Aus dem Amerikanischen von Andrea Fischer

|||||||||||||||| SILBERSCHNUR ||||||||||||||

'How to Contact Angels of Love' Part 1 of 'Angels of Love' and
'How to meet your Guardian Angel" Part 2 of 'Angels of Love'.

Dieses Transskript war ursprünglich als Tonaufnahme veröffentlicht worden.
Copyright © (P) 1996 Summit Publications, Inc.
Alle Rechte vorbehalten.

Contact:
Summit University Press
63 Summit Way, Gardiner, Montana 59030
Tel.: 406-848-9500 – Fax: 406-848-9555
E-mail: info@summituniversitypress.com
Website: http://www.summituniversitypress.com

Dieser Vortrag wurde ursprünglich auf Englisch herausgegeben und in den USA
publiziert. Diese Version ist Gegenstand eines Lizenzvertrages zwischen
dem Verlag "Die Silberschnur" und Summit University Press.
Summit University Press und "Perlen der Weisheit" *(Pearls of Wisdom)* sind
eingetragene Warenzeichen, die beim U.S. Patent und Warenzeichenamt sowie
in anderen Ländern registriert sind.
Alle Rechte vorbehalten.

ISBN: 978-3-89845-249-6

1. Auflage 2008

Übersetzung: Andrea Fischer
Gestaltung & Satz: XPresentation, Boppard
Druck: Finidr, s.r.o. Cesky Tesin

Verlag "Die Silberschnur" GmbH · Steinstr. 1 · 56593 Güllesheim
www.silberschnur.de · Email: info@silberschnur.de

INHALTSVERZEICHNIS

Abbildungen

Einführung

Dieses Büchlein ist Teil einer Serie von Vorträgen, die Elizabeth Clare Prophet unter dem Titel "Arbeiten mit den sieben Erzengeln – unseren geistigen Führern, Schutzengeln und Freunden" verfasst hat.

In diesem Werk werden Sie insbesondere viel über Erzengel Chamuel und darüber erfahren, wie man mit den Engeln der Liebe in Kontakt treten kann.

– TEIL 1 –

ENGEL
DER
LIEBE

ENGEL DER LIEBE

Kaum einer von uns kennt die Erzengel Chamuel und Caritas. Daher möchte ich Ihnen einiges über sie erzählen. Wer sind die Erzengel Chamuel und Caritas?

Erzengel Chamuel, die Erzengelin Caritas sowie die wachenden Cherubim dienen auf dem Strahl der Liebe, Kreativität und Schönheit Gottes. Dieser Lichtstrahl Gottes ist als der "dritte Strahl" bekannt. Sein Farbspektrum reicht von rosa, über roséfarben bis rubinfarben.

Die Arbeit dieser Engel findet Resonanz in Ihrem Herzchakra, das ebenfalls roséfarben und rosa ist. Dieses Chakra hat zwölf "Blütenblätter". Im Hindu heißt es "Anahata Chakra".

Montag ist der Tag der Erzengel Chamuel und Caritas. An diesem Tag spüren Sie die Energie der

Liebe am stärksten. In gewisser Weise ist Montag auch ein Tag, an dem man sich leicht verzetteln kann. Das kann so heftig sein, dass Sie das Gefühl haben, die Woche erst am Dienstag richtig begonnen zu haben. Der Grund für diese Art "Bruch" liegt darin, dass die göttliche Liebe die Kraft auf unserem Planeten ist, der der größte Widerstand entgegengebracht wird. Die gefallenen Engel sind darauf aus, uns göttliche Liebe zu rauben, die wir uns gegenseitig und gegenüber allen, die wir treffen, zum Ausdruck bringen können. Daher müssen wir unerschütterlich und überzeugt darin sein, unsere Liebe immer wieder jeden Tag neu zu bezeugen, besonders jedoch montags, und uns durch nichts die Liebe Gottes entreißen zu lassen.

Die Erzengel Chamuel und Caritas wirken über das dritte Band des Kausalkörpers, das rosafarbene Band der göttlichen Liebe, der Freundlichkeit, des Mitgefühls und der Wohltätigkeit. Ihr Rückzugsort oder spirituelles "Zuhause" befindet sich in der Himmelswelt über Saint Louis, Missouri in den Vereinigten Staaten. Rückzugsorte in der Erde wurden bereits vor langer Zeit, in vorgeschichtlicher Zeit, eingerichtet. Solche Rückzugsorte befinden sich zentral an verschiedenen Orten über die gesamte Erde verteilt. Es gibt Rückzugsorte der Erzengel, der Elohim, und der Aufgestiegenen Meister. Es gibt Universitäten des Geistes. Es gibt Lichtstädte des goldenen Zeitalters. Wir haben in diesen Lichtstädten in den Phasen zwischen unseren Inkarnationen wundervolle Erfahrungen gemacht – nach der Vollendung des einen und vor dem Eintritt in das nächste Leben. Wir besuchen diese Rückzugsorte, die sich in der so genannten "ätherischen Oktave" befinden, zwischen unseren jeweiligen Inkarnationen, um uns auf das nächste Leben vorzubereiten.

Wer ist Chamuel?

Das Wort "Chamuel" bedeutet: "der Gott sieht". Wenn wir Liebe in unserem Herzen tragen, sehen wir Gott.

In der druidischen Mythologie ist der Engel Chamuel der Kriegsgott. Einigen Traditionen zufolge soll Erzengel Chamuel der Engel gewesen sein, der mit Jakob gekämpft hat, und auch der

Engel, der Jesus während seines Leidens im Garten Gethsemane Kraft gegeben hat.

Die Erzengel Chamuel und Caritas verkündeten das Urteil Gottes zum Turmbau von Babel, was zur Verwirrung der Sprachen führte. Ich habe das in der Akasha-Chronik selbst gesehen. Alles, was sich auf der Erde ereignet, wird in einer Dimension gespeichert, die als "Akasha" bekannt ist. Die Akasha, Ursubstanz oder ätherische Energie, kann alle Eindrücke des Lebens aufnehmen oder speichern. Es ist wirklich beeindruckend, die Aufzeichnung darüber zu lesen, wie dieser mächtige Erzengel über dem Turm zu Babel stand, den Nimrod zu seinem eigenen Ruhm erbaut hatte.

Der rubinrote Strahl des Gerichts Gottes ging durch Chamuel herab, und augenblicklich sprachen die Menschen in verschiedenen Sprachen. Es herrschte totales Chaos.

Furcht verwandelte sich in Wut – Wut gegen den Herrn und seinen Engel. Gott hatte, indem er durch seinen mächtigen Erzengel des dritten Strahls agiert hatte, ihre Sprache verwirrt. Warum? Da sie nicht mehr miteinander kommunizieren

konnten, konnten sie sich nicht mehr verschwö-
ren, um gegen Gott und die Seinen Böses im Schil-
de zu führen.

Nimrod war ein aufständischer Engel, dessen
Bestreben es war, die Welt zu kontrollieren. Auf-
ständische Engel in hohen Rangpositionen sind
eine Tatsache im Leben auf dem Planeten Erde.
Sie leben hier schon seit Tausenden von Jahren –
seit dem Tag, da sie den Krieg gegen Erzengel Michael und seine Heerscharen im Himmel verloren
hatten, die sie auf die Erde verbannten.[1] Ihre Be-
strebungen haben sich nicht geändert. Und ja –
sie mischen sich unter uns und haben die gleichen
Körper wie wir.

Ziehen die Erzengel und ihre Heerscharen immer noch für die Kinder des Lichts gegen die gefallenen Engel in den Krieg? Um diese Frage zu beantworten, wollen wir in den jüdischen Mystizismus
und das System der Kabbalah zurückblicken. In einem bestimmten System der Kabbalah verkörpert
Chamuel den fünften Sefirath, Gevurah, die "göttliche Gerechtigkeit". Was sind die Sefirot? Sie sind
der verlängerte Arm des unmanifestierten Gottes in
der manifestierten Welt. Jeder von ihnen verkörpert

eine Qualität Gottes, und gemeinsam spiegeln sie die Stufen der göttlichen Manifestation wider. Die zehn Sefirot bilden den Baum des Lebens.

Laut Kabbalah ist Gevurah die göttliche Gerechtigkeit. Demnach wird Chamuel zugesprochen, dass er die Härte der Urteile Gottes bemisst. Doch wir sollten uns an folgenden tröstenden Ausspruch erinnern: "Doch welchen der Herr lieb hat, den züchtigt er; und er stäupt einen jeglichen Sohn, den er aufnimmt." [2] Wenn der Herr in göttlicher Liebe seine Strafen bemisst, wissen wir, dass Chamuel uns zurück in die Realität holt, zu unserem wahren Selbst, das von all unseren Gefühlen von menschlicher Ungerechtigkeit befreit ist.

Der gefallene Engel, der sich als falscher Chamuel ausgibt, ist Galab. Der Erzteufel, der Chamuels Gegenstück ist, ist Asmodeus. Hieran erkennen Sie, dass die gefallenen Engel versucht haben, eine falsche Hierarchie zu begründen, die sich jedem und allen Engeln und Erzengeln entgegensetzt, die die Diener des Lichts sind. Und so hält der Krieg weiterhin an.

Galab, der als "Plünderer der Menschheit" bekannt ist, beraubt die Seele ihres Geburtsrechts auf

Gottes Licht. Asmodeus arbeitet mit ihm als "Zer-störer" oder "Ausrotter" - als Perversion Gevurahs, der göttlichen Gerechtigkeit.

Doch diese Nachahmer des dritten Strahls der göttlichen Liebe sind den mächtigen, imposanten Kräften von Chamuel und Caritas sowie den Kräf-ten der wachenden Cherubim nicht gewachsen. Ein kurzer Blick auf diese glühenden, rosafarbe-nen, roséfarbenen und rubinrot gefärbten Heer-scharen, während diese aus der großen Zentralson-ne treten und sich in das niedrigere Königreich be-geben, wo der Krieg zwischen Licht und Dunkel-heit noch nicht vorüber ist - und Sie wissen, dass Sie in den richtigen Händen sind.

Ja, die Erzengel und ihre Heerscharen führen im-mer noch Krieg gegen die aufständischen Engel in der Erde und auf den niederen astralen Ebenen.* Und sie sind am Gewinnen! Sie selbst können den

---

* *Die Astralebene ist eine Frequenz von Zeit und Raum jen-seits der körperlichen Ebene, die dem Emotionalkörper und dem kollektiven Unbewussten der Menschheit entspricht. Da die Astralebene durch unreine Gedanken und Gefühle sowie psychische Einflüsse getrübt wird, bezeichnet der Begriff "astral" oft einen negativen Kontext.*

Lichtheeren beitreten, indem Sie für die Sache der Kinder, der Armen, der Heimatlosen und aller eintreten, die unter dem Joch des persönlichen Karmas und dem des Planeten leiden.

DER WIDERSTAND EINES ENGELS DER FINSTERNIS

Ich kann mich daran erinnern, als ich einmal Zeugin für den Schutz durch einen göttlichen Engel und die Bedrohung durch einen sehr dunklen Engel wurde. Während meiner Zeit als Schülerin am College in Boston machte ich einen Ausflug nach Cape Cod. Ich war in einer Situation, in der ich fühlte, dass der Engel des Herrn mich beschützte. Zugleich spürte ich aber auch die Kraft eines gefallenen Engels, der versuchte, mich aus meiner Bindung zu diesem guten Engel herauszureißen, der mir beistand. Ich hatte gewaltigen Respekt angesichts der Kraft dieses guten Engels, doch ich beobachtete auch die Entschlossenheit des dunklen Engels, mit der er mich vom rechten, wahren, korrekten Pfad abbringen wollte.

Wenn Sie diese Kraft und Gegenwart eines Engels spüren, der Sie verteidigt, und zugleich auch den Sog des Gegners, der versucht, Sie von jenem guten Engel wegzuziehen, werden Sie verstehen, dass wir deshalb in Schwierigkeiten geraten, weil wir den Weg des schlechten Engels, des aufständischen Engels, gehen. Wir treffen die bewusste Entscheidung und lehnen den Schutz durch einen Engel des Lichts ab. Der Engel des Lichts zieht sich daher zurück und verlässt uns, so dass wir unser Karma so gestalten, wie wir es wollen.

Das ist also der Grund dafür, weshalb wir den Unannehmlichkeiten des Lebens oder den falschen Windungen auf unserem Weg nicht alle entrinnen. Es liegt daran, dass die Engel letztendlich unseren freien Willen respektieren. Bevor Sie sich also entscheiden, ob Sie nach rechts oder links abbiegen sollen, Entscheidungen mit großer Tragweite fällen oder große Wendungen im Leben vollziehen, ist es sehr wichtig, mit Gott zu sprechen, auf die eigene innere Stimme zu lauschen und so nahe am Altar Gottes zu stehen, dass Sie als Geschenk von ihm die Gabe der geistigen Unterscheidungsfähigkeit erhalten, die vom Heiligen Geist stammt, und mit dieser Unterscheidungsfähigkeit wahrhaftig Recht von Unrecht unterscheiden können.

Vorbereitung auf unsere Prüfungen

Ich unterhielt mich mit jemandem, mit dem ich seit meiner Zeit an der Highschool nicht mehr gesprochen hatte. Er sagte zu mir: "Wir werden alle geprüft, nicht wahr?", und ich sagte: "Wir werden mit Sicherheit alle geprüft." Während die Prüfungen an dieser Schule des Lebens voranschreiten, glauben wir manchmal, dass es unmöglich ist, Recht von Unrecht zu unterscheiden. Wenn in dem Moment der "Feuerprobe" alles, wovon wir uns leiten lassen, unsere relative Betrachtungsweise der Dinge ist, erscheint Falsches richtig und Richtiges falsch.

Doch wir können uns auf diese Prüfungen und Initiationen, die immer Prüfungen der göttlichen Liebe sind, vorbereiten. Wir können uns vorbereiten, indem wir ein tägliches Gebet sprechen, einen regelmäßigen Gang zum Herzen Gottes tun und mit ihm sprechen, indem wir mit Gott in Kontakt bleiben.

Sie sollten mit Ihrem Schutzengel in Verbindung bleiben und mit den Erzengeln ungehemmt reden, denn es kann sein, dass Sie von dem abgekommen sind, was Sie für sich als das Beste und den richtigen Weg sowie das richtige Verhalten erachten.

Wenn Sie vom Weg abgekommen sind, sollten Sie dies in Ihrem Herzen vor Gott bekennen. Sprechen Sie dann Gebete, weisen Sie sich selbst eine Strafe zu und sagen Sie zu Gott und Ihrem Schutzengel: "Ich möchte das wirklich wieder gutmachen. Lass' mich einen Dienst verrichten oder ein besonderes Gebet sprechen oder hinausgehen und den Menschen in meiner Gemeinde helfen, denn ich möchte nicht, dass dies meine Akasha-Aufzeichnungen befleckt." Wenn Sie stets darum bestrebt bleiben, nach Ihrem Wissen das Beste zu geben, werden Sie zwar einige Fehler begehen, aber Sie werden daraus lernen. Wenn Sie außerdem wirklich entschlossen sind, dort anzukommen, wohin Sie gehen, werden Sie die alten Fehler auch nicht nochmals wiederholen. Sie können sagen: "Oh, ich bin in das Schmutzloch gefallen, aber ich werde nicht nochmals hineinfallen! Ich erkenne diese Falle und werde nicht nochmals hineinfallen."

Und so ist das Leben wie Schule. Gott erwartet, dass Sie Fehler machen. Aber er erwartet auch, dass Sie diese nicht zu oft begehen, dass Sie sich aus den eingefahrenen Gleisen begeben, weitergehen und Ihre innere Willenskraft trainieren. Und mehr als das – Gott erwartet, dass Sie zu ihm beten, um Sie in dem Augenblick zu stärken, in dem Sie wieder in den alten Trott zu verfallen drohen.

Achten Sie daher auf Ihre Worte und Handlungen, ja sogar auf Ihre Gefühle gegenüber Ihren Mitmenschen. Wenn die Engel sehen, dass Sie sich selbst korrigieren und versuchen, für jeden Ihr Bestmöglichstes zu tun, werden sie Ihnen ganz viel Unterstützung und Hilfe bieten. Was Schmerz und Kummer bereiten könnte, wird zu einem fröhlichen, verlockenden Alltagsleben mit allem, was Ihnen so über den Weg laufen mag.

BETEN SIE DEN ROSENKRANZ UND HELFEN SIE SO, SEELEN ZU RETTEN

Das Motto der sieben Erzengel und ihrer zahllosen Begleiter lautet: "Wir sind schon von Beginn an die Sieger gewesen!" Es gibt keinen Zweifel darüber, wie der intergalaktische Wettstreit ausgehen wird, doch Maria, die Mutter Jesu, die selbst eine Erzengelin des fünften Strahls ist, warnt uns davor, dass sich viele Seelen in dieser Auseinandersetzung verlieren werden, wenn wir nicht jeden Tag inbrünstig um ihre Rettung durch die Engelsheerscharen Gottes bitten.

1972 diktierte die heilige Mutter mir ihren "Biblischen Rosenkranz für das Neue Zeitalter", wie sie ihn bezeichnete, um es uns zu ermöglichen, ihr unbeflecktes Herz zu erreichen und um die Heilung und Rettung aller Seelen zu bitten, die in diese Schleier des Fleisches und der Begierden hinabgerutscht sind, damit diese an den Thron der Gnade zurückkehren können. Ich habe diese Rosenkranzgebete in meinen Büchern oder auf Tonaufnahmen festgehalten. Zuerst diktierte sie mir ganze Rosenkranzgebete, eines für jeden Wochentag, zwei für sonntags und fünf für die Wochentage, so dass es insgesamt 13 wurden. Sie sind etwa 55 Minuten lang.

Dann schenkte sie mir den Rosenkranz für Kinder, biblische Rosenkranzgebete von 20-minütiger Länge. Wir haben auch ein sehr kraftvolles Rosenkranzgebet an den heiligen Erzengel Michael.

Mutter Maria

Mutter Maria sagte, wir müssten dieses bekommen, da das Gebet an Erzengel Michael aus der Heiligen Messe herausgenommen worden war, und wir daher um Schutz bitten müssen.

Mutter Maria diktierte mir auch das 14. Rosenkranzgebet, das Mysterium der Hingabe. Wie ordnet man seinen Willen dem Willen Gottes unter? Dieses Rosenkranzgebet wird Sie durch die einzelnen Schritte führen, insbesondere, wenn Sie eine so schwere Entscheidung fällen müssen, dass Sie sich dadurch belastet und buchstäblich in zwei Hälften zerrissen fühlen. Sie werden feststellen, wie so viele Menschen bereits festgestellt haben, dass die einzige Möglichkeit, diesen Punkt in Ihrem Leben zu überwinden, an dem Sie sich wie ein Haus fühlen, das in zwei Hälften geteilt ist, darin besteht, den eigenen Willen dem Willen Gottes unterzuordnen und mit unserem Herrn zu sprechen: "Nicht mein Wille, sondern dein Wille geschehe." Wenn Sie diese Affirmation sprechen, erfahren Sie den Frieden der Einheit mit Gott.

Es sind wunderschöne Rosenkranzgebete. Ich möchte Ihnen auch von den Rosenkranzperlen erzählen, die aus Halbedelsteinen bestehen. Wir wissen, dass Halbedelsteinkristalle Licht speichern. Wenn Sie also eine Rosenkranzkette aus Halbedelstein und nicht aus Glas oder Plastik benutzen, können Sie Ihr Gebet auf jede einzelne Perle konzentrieren und diese Perle mit dem Licht und der Hingabe Ihres Herzens aufladen. Wenn Sie das Rosenkranzgebet für das Neue Zeitalter beten, werden Sie feststellen, dass Sie jedes Mal, wenn Sie Ihre Perlen benutzen, diese mit immer noch stärkerem Licht aufladen. Wenn Sie eine Rosenkranzkette in der Hand halten, das Ave Maria des Neuen Zeitalters sprechen und dabei Liebe in eine bestimmte Situation auf Erden lenken, können Sie durch diesen Fokus auf Ihre Rosenkranzperlen in der Tat Licht verschicken.

Vergegenwärtigen Sie sich dies also, wenn Sie dem Herzen der Mutter von Jesus ganz nahe kommen möchten. Mutter Maria ist die Mutter aller Menschen aller Religionen. Sie ist nicht Eigentum der katholischen Kirche oder von irgendeinem von uns – sie erscheint allen Menschen, überall. Ihre Rosenkranzgebete für das Neue Zeitalter sind nicht konfessionsgebunden.

CHAMUELS ENGELSHEERSCHAREN

Wie erscheinen uns Chamuels Engelsheerscharen? Je nach Bestimmung können die Engelsscharen der göttlichen Liebe, die Gottes Gerechtigkeit liebevoll verwalten, mit kompletten Kampfausrüstungen oder in Festkleidern erscheinen. Sie können in der Sanftheit der Mutter Gottes erscheinen, um im Leben zu trösten, gekleidet in mehrere Schichten von Chiffonbahnen, wie es scheint - in Wirklichkeit handelt es sich um mehrere Schichten von hauchzartem Licht - um so Seelen zu liebkosen, die des Kampfes um die Freiheit müde geworden sind.

Alle Erzengel sind Heiler. Sie kommen als Meisterchirurgen, um Körper zu "reparieren" und die Risse in den Gewändern der Seele zu "flicken". Es gibt keinen Bereich, in dem sie nicht herausragend sind. Gemeinsam mit den Elohim, die die Mitschöpfer des Lebens und der Formen sind, besitzen sie auch die Macht, Leben zu schöpfen und aufzulösen. Alles in allem sind die Erzengel außergewöhnliche Wesen - nichts weniger als die verlängerten Ausläufer Gottes selbst, in Engelsgestalt

personifizierte Gnade und Majestät Gottes und
dessen inkarnierte Kraft.

Wir wollen nun den direkten Kontakt zu Chamuel und Caritas sowie ihren zahllosen Begleitern
herstellen, die auf dem Strahl der göttlichen Liebe dienen, einschließlich der wachenden Cherubim. Wir rufen sie folgendermaßen an:

ANRUFUNG AN DIE ERZENGEL
CHAMUEL UND CARITAS

"Geliebter Gott, Vater und Mutter, schicke
uns nun unseren geliebten Erzengel Chamuel und unsere geliebte Erzengelin Caritas. Schicke nun Legionen der Engel
der Liebesflamme und der wachenden
Cherubim. Mit der Kraft der göttlichen
Liebe, oh Heiliger Geist, reinige uns nun
von jeder Gegenkraft der Liebe. Bringe
uns in Übereinstimmung mit dem Willen Gottes. Schicke Liebe in jedes Herz,
das einsam ist und deine Gegenwart bzw.
die Gegenwart deiner Engel nicht kennt.

Oh Engel Gottes, beschützt die kleinen Kinder. Mächtige, wachende Cherubim, bewacht sie so, wie ihr das Allerheiligste bewacht. Oh Legionen des Lichts aus der großen Zentralsonne, kommt sodann auf diesen dunkel gewordenen Planeten. Bringt den Nationen Licht und Führung und Gottes Regierung. Heilt die Wirtschaft. Heilt die zerbrochenen Leben und die gebrochenen Körper. Lasst die göttliche Liebe die Erinnerungen an Kriege auf dem Planeten Erde verzehren. Lasst den Krieg aufhören und das Zeitalter des Friedens im Herzen Christi, im Herzen Buddhas und im Herzen Krishnas anbrechen.

Oh Gott, wir richten jetzt unsere persönlichen Gebete an Chamuel und Caritas und die wachenden Cherubim (sprechen Sie nun Ihre Gebete):

"

_____

DER RÜCKZUGSORT VON
CHAMUEL UND CARITAS

Die Erzengel Chamuel und Caritas laden uns ein, zum Lernen in ihren Rückzugsort in der Himmelswelt über Saint Louis zu kommen. Unsere Seelen können während des Schlafes dorthin reisen. Rufen Sie abends kurz vor dem Einschlafen Erzengel Michael und seine Engelscharen an und bitten Sie diese, Sie in die Lichtreiche zu begleiten, um dort an den Universitäten des Geistes Kurse zu besuchen.

Die Rückzugsorte der Erzengel stehen begnadeten Seelen nun offen. Über viele Jahrhunderte hinweg war dies nicht der Fall gewesen. Diese Rückzugsorte liegen fernab der Verschmutzungen der Erde auf einer Ebene der Himmelswelt, die als "ätherische Ebene" bezeichnet wird. Auch wenn Sie sich womöglich nicht mehr daran erinnern, was Sie an solch einem Rückzugsort der Erzengel gelernt haben - Ihre Seele weiß es. Und ganz allmählich sickern die Informationen in Ihr geistiges Bewusstsein ein.

An ihrem Rückzugsort bringen die Erzengel Chamuel und Caritas Ihnen bei, die Qualitäten

der Gnade und des Mitgefühls, der liebevollen Fürsorge und der Fürsorge für andere zu entfalten. Sie
bringen Ihnen bei, wie Sie alle Gefühle der Ungerechtigkeit in Beziehungen durch höchstes Vertrauen
ersetzen - Vertrauen in die Gewissheit, dass es in
Wirklichkeit nirgendwo im Universum Ungerech-
tigkeiten an sich gibt, sowie Vertrauen in die letzt-
endliche Lösung durch die göttliche Liebe. Dies
wird und kann auch nur passieren, wenn Sie voller Vertrauen – ähnlich wie ein Kind – loslassen
und Gott und seine Abgesandten die göttliche Gerechtigkeit zumessen lassen.

Die Erzengel Chamuel und Caritas lehren Sie,
wie Sie die Flamme der Liebe in Ihrem Herzen in-
tensivieren und sich auch für die Niederkunft des
Heiligen Geistes in Ihren Tempel vorbereiten können. Sie versprechen, die vielen Schichten der menschlichen Aura eines jeden Menschen zu heilen, der
Ihnen Hingabe und seine Dienste entgegenbringt.

Sie sagen: "Jedes Mal, wenn ihr Gott Dekrete
zur violetten Flamme und Lobeslieder und Gebete von Herzen sowie aufrichtig entgegenbringt, dürfen die Engel im Gegenzug aus eurer Aura und eurem Körper etwas von der Last wegnehmen, die ihr

tragt. Wenn ihr uns einladet, werden wir euch nach Hause begleiten. Wir werden euch in schwierigen Situationen helfen, mit welchen ihr vielleicht gerade im Kreise der Mitglieder eurer Familie konfrontiert seid. Wir werden euch in problematischen Situationen mit euren Nachbarn, euren Verwandten und am Arbeitsplatz helfen. Wir werden die größte Last für euer Herz, welcher Art diese auch sei, angehen. Wir werden euch sogar helfen, einen Arbeitsplatz zu finden – oder auch einen Parkplatz! Wir werden alles tun, worum ihr uns bittet, solange es für uns aus der Sicht Gottes im Rahmen der Gesetze ist."

Beachten Sie, dass Chamuel und Caritas ihrem Versprechen eine Bedingung vorangestellt haben: "Wenn ihr uns einladet ..." Sie sagten: "Wenn ihr uns einladet, werden wir euch nach Hause begleiten." Erzengel Chamuel lehrt, dass die Engel höflich und ehrfurchtsvoll sind. Er sagt: "Wir respektieren Gottes Gesetz der Freiheit, das euch freien Willen in allen Angelegenheiten garantiert. Wenn ihr also die Engel nicht ruft, wenn ihr sie nicht anruft, greifen diese nicht ein – nicht einmal in Zeiten von Katastrophen, Umwälzungen oder persönlicher Krisen.

Gott hat dieses Gesetz in Gang gesetzt. Ihr, die ihr in diesem so genannten 'Fußbank-Königreich' weilt, müsst verstehen, dass die Erde der Fußschemel Gottes und des Himmels ist. Auf Erden habt ihr die Kontrolle. Doch wenn ihr es so wollt, wenn ihr gewillt seid, euren menschlichen Willen hintanzustellen, dann kann Gott, der in euch ist, die Kontrolle ausüben!

Gott in euch kann die Kontrolle ausüben! Doch dann müsst ihr beten, wie unser Retter es tat – in reinster Liebe: 'Nicht mein Wille, sondern dein Wille geschehe'. Wenn ihr das tut, ihr Lieben, übernimmt Gott die Herrschaft über euer Leben, und unsichtbare Engel setzen diesen Willen Schritt für Schritt um, während ihr Tag für Tag damit arbeitet."

DAS GEBET DES HERZENS

Ungeachtet dieser Aussage haben wahrscheinlich viele von Ihnen erlebt, dass Engel in Ihr Leben eingegriffen haben, auch wenn Sie diese gar nicht bewusst darum gebeten hatten, sich einzubringen. Wie kann das sein? Ein Grund dafür ist, dass Sie eine dauerhafte Beziehung zu Gott und seinen Engeln in diesem und in vergangenen Leben gehabt haben, auch wenn Ihnen dies vielleicht nach außen hin gar nicht bewusst ist. Sie sind mehr als nur Ihr nach außen hin greifbarer Verstand. Ein anderer Grund hierfür ist, dass Ihre Seele auf der Ebene des unbewussten Verstandes selbst zu Gott schreit und ihn um seine Hilfe anfleht. Außerdem erreicht das Gebet des Herzens, das womöglich nicht einmal in Worten artikuliert oder bewusst formuliert sein muss, den Thron der Gnade und erhält prompt Resonanz direkt aus dem Herzen Gottes.

Sogar das Gebet der Sehnsucht – der alles verzehrenden Sehnsucht, geliebte Menschen von den Banden der Schmerzen und des Leidens zu befreien – wird von Gottes Botschaftern, den Engeln, beantwortet. Mit anderen Worten, sie werden auf jeder Ebene Ihres Wesens antworten, sei diese nun bewusster oder unbewusster Art, von der aus Sie um Gottes Hilfe ersuchen. Wahrscheinlich sind Sie sich der Tatsache gar nicht bewusst, dass Ihre Seele schon seit langer Zeit mit inneren Gebeten beschäftigt war und es immer noch ist. Seien Sie sich gewiss, dass Gott das Gebet des Herzens immer beantwortet. Außerdem antwortet er uns, indem er uns seine dienenden Engel schickt, damit sie uns leiten, bewachen und als Freunde zur Seite stehen. Da Gott weiß, dass Sie diese persönliche Unterstützung benötigen, um durchs Leben zu finden, schuf er die Engel als seine verlängerten Arme und Beine in dieser Welt, in der wir leben, die so wenig perfekt ist.

Eine sehr sichere Möglichkeit, um Ihrem Schutzengel zu begegnen, besteht darin, Gott anzurufen und ihn zu bitten, seine violette Flamme[3] zu schicken. Ist Ihre Aura von violettem Licht erfüllt, wird nicht nur ein Schutzengel, sondern viele zu Ihnen kommen. Ich möchte Ihnen zeigen, wie Sie die violette Flamme anrufen und bewirken können, dass Ihre Aura so wird, wie in der Darstellung Ihres göttlichen Selbst abgebildet. (s. S. 134)

Dieses Dekret heißt "ICH BIN die violette Flamme". Wenn Sie den Namen Gottes, "ICH BIN", benutzen, sagen Sie eigentlich: "Gott in mir ist die violette Flamme." Sie benutzen den Namen Gottes, den Gott uns über Moses mitgeteilt hat.[4] Wenn

Sie also sagen: "ICH BIN die violette Flamme, die jetzt in mir wirkt", so bekräftigen Sie folgende Aussage: "Wo ICH BIN, da ist Gott. Ich visualisiere gerade seine violette Flamme um mich herum. Ich sehe, wie rein meine Chakren sind. Ich erkenne die Silberschnur, die von meinem Christusselbst und meiner ICH BIN-Gegenwart herabkommt.* Ich akzeptiere auch, dass meine ICH BIN-Gegenwart die violette Flamme als Antwort auf meinen Ruf losschickt."

Diese violette Flamme wird speziell zur Reinigung benutzt. Der violette Strahl ist ein Lichtstrahl der Reinigung, der als Antwort auf Ihren Ruf Ihre Aura reinigen wird.

Wenn Sie sich in einer Menschenmenge in der Stadt befinden oder irgendwo in einer Masse von Menschen einkaufen gehen, nimmt Ihre Aura viel an Substanz von fremden Personen an

---

* Die ICH BIN-Gegenwart ist die obere Gestalt auf der Abbildung. Das Christusselbst ist die Gestalt in der Mitte. Die Silberschnur ist das Lichtbündel, das von der ICH BIN-Gegenwart auf die untere Gestalt der Abbildung niederfließt.

– Gutes und auch Schlechtes. Daher fühlen Sie sich manchmal, wenn Sie zu Hause angekommen sind, ausgelaugt oder müde. Sie können in diesem Fall die violette Flamme anrufen, um Ihre Aura zu verwandeln und wieder herzustellen. Die violette Flamme kann auch Erinnerungen an Karma oder vergangene Leben auslöschen. Sie ist das große Geschenk des Aufgestiegenen Meisters Saint Germain an uns.

Wir wollen nun dieses Dekret gemeinsam sprechen:

I AM the Violet Flame
>   In action in me now
I AM the Violet Flame
>   To Light alone I bow
I AM the Violet Flame
>   In mighty Cosmic Power
I AM the Light of God
>   Shining every hour
I AM the Violet Flame
>   Blazing like a sun
I AM God's sacred power
>   Freeing every one.

ICH BIN die violette Flamme,
   die jetzt in mir wirkt.
ICH BIN die violette Flamme
   und beug' mich nur dem Licht.
ICH BIN die violette Flamme
   in kosmischer Kraft.
ICH BIN das Licht Gottes,
   das jede Stunde scheint.
ICH BIN die violette Flamme,
   die glüht wie eine Sonne.
ICH BIN Gottes heilige Kraft,
   die jeden befreit.

SCHÜTZEN SIE IHR HERZ

Die Erzengel Chamuel und Caritas laden Sie ein, täglich zu ihnen zu beten und darum zu bitten, Ihren physischen Körper, Ihr Herzchakra und Ihre dreifache Flamme zu schützen. Ihre dreifache Flamme ist der Funke von Gottes Licht, der in der Geheimkammer Ihres Herzens verborgen ist. Die Erzengel Chamuel und Caritas sagen, dass die Empfänglichkeit des Herzens für gute und schlechte Schwingungen sehr groß ist. Das Herz registriert sowohl gedankliche als auch emotionale Wellen. Sie erinnern uns daran, dass wir auf der Hut sein mögen vor bösen Geistern, die die Flamme Gottes, die auf dem Altar unseres Herzens brennt, auspusten möchten. Diese Geister arbeiten direkt gegen das Herz und machen es verletzlich für Herzkrankheiten, Herzbeschwerden und Herzinfarkte.

Chamuel lehrt, dass Ihre Hingabe an Gott, den Vater und die Mutter, Ihnen den Schutz Ihres Herzens und Herzchakras garantiert. Er erteilt aber auch einige praktische Ratschläge, wie Sie erreichen, dass Ihr Herz gesünder wird. Er empfiehlt Ihnen, Ihr Herz mit natürlichen, organisch gewachsenen Nahrungsmitteln, insbesondere Getreide, zu ernähren, und Milchprodukte und Margarine zu meiden sowie auf den Verzehr von rotem Fleisch soweit wie möglich, wenn nicht überhaupt ganz zu verzichten.

Ich möchte Ihnen die Herzchakra-Meditation vorstellen. Sie besteht lediglich aus vier Zeilen:

As a rose unfolding fair
Wafts her fragrance on the air,
I pour forth to God devotion,
One now with the Cosmic Ocean.

So, wie eine Rose sich zart entfaltet,
ihren Duft in die Luft verbreitet,
lasse ich zu Gott meine Hingabe entströmen
und bin nun eins mit dem kosmischen Ozean.

Ich lade Sie ein, Ihre Hand auf Ihr Herz zu legen und zu visualisieren, wie Ihr Herzchakra seine zwölf Blütenblätter wie eine Rose entfaltet. Der "Duft" Ihres Herzens ist Ihre Hingabe zu Gott und Ihre Liebe zu allen Menschen. Sie lassen Ihre Hingabe zu Gott fließen und visualisieren dann, wie Sie selbst mit dem gesamten kosmischen Ozean des Bewusstseins Gottes eins sind.

Diese vier Zeilen offenbaren Ihnen nun die Metapher und das tiefe Wissen Ihrer Seele darum, dass Ihr Herz eine Rose ist, die sich entfaltet. Der Duft dieses Herzens wandert einfach als Hingabe zu Gott. Wir lassen unsere Hingabe zu Gott strömen, und indem wir dies tun, können wir uns mit

Abb. 2: Die heilige Kammer des Herzens

jener Hingabe bewegen, da wir sie Gott schenken und diese uns gehört. Unsere Hingabe und unser Einssein damit ermöglichen es uns, eins mit dem kosmischen Ozean des Bewusstseins Gottes zu sein.

Es handelt sich hierbei um ein sehr tiefgreifendes kleines Mantra. Wenn es Sie anspricht, so sollten Sie es jeden Tag aufgreifen. Es ist eines jener Mantren der göttlichen Liebe, das uns vor einem scharfen Wort, etwas Unfreundlichem, Gedankenlosem oder etwas, das jemanden verletzt, bewahrt. Wenn wir eine gewisse Schwungkraft mit den Mantren der Liebe in unserem Herzen aufrechterhalten, haben wir die Kontrolle und geben nichts Derartiges von uns, was Menschen belasten könnte. Die Liebesmantras sind also sehr bedeutsam. Wir wollen dieses nun gemeinsam sprechen:

As a rose unfolding fair
Wafts her fragrance on the air,
I pour forth to God devotion,
One now with the Cosmic Ocean.

So, wie eine Rose sich zart entfaltet,
ihren Duft in die Luft verbreitet,

lasse ich zu Gott meine Hingabe entströmen und bin nun eins mit dem kosmischen Ozean.

Hingabe öffnet den direkten Weg zu Gott

Sie werden in unseren Büchlein und den Aufnahmen, die wir veröffentlicht haben, Mantren, Dekrete und Lieder finden, von welchen Ihnen manche besser gefallen werden als andere – die Sie öfter sprechen möchten als andere. Es gibt für jeden Menschen ein passendes Mantra, und unzählige Mantren für jeden von uns. Wählen Sie Ihr persönliches Mantra aus und machen Sie es zu etwas sehr Bedeutsamem für Sie, so dass Sie jedes Mal, wenn Sie die Worte sprechen, spüren können, wie diese Wirklichkeit werden – und sogar mehr als das, denn irgendwo in Ihrem Inneren besteht eine Resonanz mit jenem besonderen Mantra oder Dekret. Diese Art "Energiegitternetz" lässt also die Hingabe Ihres Herzens wachsen. Gott vergrößert sie nochmals und schickt sie Ihnen zurück. Mit der Hingabe also ist es uns möglich, die

45

Engel an uns zu binden, da Hingabe die Kanäle öffnet. Unsere Hingabe strömt zu Gott und den Engeln, und daher haben wir den direkten Weg zu unserem Gott geöffnet – und die Engel nehmen diesen Weg hinab direkt zurück in unsere Herzen.

Sie können diese "Herzchakra-Meditation" viele Male am Tag als Mantra und Möglichkeit benutzen, Ihre Bande zu Gott zu pflegen. Während Sie auf den Gott der Liebe meditieren und diese vier Zeilen laut sprechen, können Sie tatsächlich in spirituelle Ekstase geraten, die davon herrührt, dass Sie der Liebe in Ihrem Herzen freien Lauf lassen, und sie wächst und wächst immer weiter.

PFLEGEN SIE IHR HERZ

Ich möchte Ihnen ein Buch empfehlen: Es trägt den Titel "Heart" ("Herz") und wurde 1932 von Helena Roerich geschrieben. Es handelt sich um die Lehre der Aufgestiegenen Meister und behandelt Themen wie die Kostbarkeit Ihres Herzens, den Schutz Ihres Herzens, die Beruhigung Ihres Herzens und Ihr Herz als Zentrum und Zugang zu Gott. Diese Lehre ist sehr wichtig, um auf dem Weg voranzuschreiten und empfindsam für die verzerrten Schwingungen der Welt, die Energien von Krieg und Wut usw. zu werden. Während diese Ihren Körper, Ihre Seele, Ihre Chakren und Ihr Herz erschüttern, kommen Sie zu der Erkenntnis, dass es nötig ist, den Weg des Herzens zu verstehen, so wie Jesus uns sein heiliges Herz und Maria, seine Mutter, uns ihr unbeflecktes Herz offenbaren. Der Schutz unseres Herzens ist der Geheimschlüssel, um höhere Ebenen der Initiation zu erreichen.

Die Engel Gottes umringen seinen Thron und singen beständig zu ihm: "Heilig, heilig, heilig, allmächtiger Gott. Du bist heilig in deiner Manifestation im Menschen!" Dies ist ein weiteres Herzchakra-Mantra. Die Seraphim Gottes versammeln sich kreisförmig auf Lichtbahnen um den Thron Gottes. Sie wiederholen dieses Mantra in den herrlichsten Chören mit herrlichsten instrumentalen Arrangements und preisen einfach Gott. Bei diesem Lobpreis nehmen sie zugleich auch die Intensität des Lichtes Gottes aus seiner persönlichen Gegenwart auf. Dann machen sich Scharen von Seraphim auf den Weg zu verschiedenen Planetensystemen. In ihrer Aura tragen sie das Licht zur Heilung von Menschen, Nationen und Situationen.

Somit verbringen die Seraphim ihre Zeit in unmittelbarer Nähe Gottes und schwärmen dann von dort aus. Vor dem Thron Gottes herrscht ständiger Trubel vom Kommen und Gehen der Engel. Natürlich singen sie viele andere herrliche Worte, doch diese sind diejenigen, die wir aufgezeichnet haben.[5] Wir wollen sie nun gemeinsam sprechen:

Holy, holy, holy, Lord God Almighty
Thou art holy in manifestation in man!

"Heilig, heilig, heilig, Herr, du allmächtiger Gott. Du bist heilig in deiner Manifestation im Menschen!"

Diese Affirmation – so einfach sie auch ist – bringt Sie in direkten Kontakt mit den Seraphim und den Cherubim Gottes, und zwar rein durch eben diese Hingabe Ihres Herzens. Wenn Sie dieses Gebet sprechen, werden die Engel Sie ehren und mit Ihnen sein, so, wie sie mit Jesus, Moses, Buddha und so vielen anderen waren, die vor uns gegangen sind.

Die Erzengel Chamuel und Caritas ermöglichen diese wahre Annäherung Ihrer Seele an Gott mit Hilfe der göttlichen Liebe. Sie lehren Sie den Weg der Ganzheit – denn nur durch die Wiederherstellung der Ganzheit können Sie Ihr Seelenleben in den Griff bekommen.

GANZ SEIN DURCH DIE ARBEIT MIT IHREM INNEREN KIND UND IHREM INNEREN ERWACHSENEN

Die Seele ist der Teil von Ihnen, der sich durch die Ausübung des freien Willens von der Gegenwart Gottes entfernt hat. Der Begriff "Inneres Kind", den viele von Ihnen schon einmal gehört haben, ist eine andere Bezeichnung für die Seele. Ihr Inneres Kind muss mit einem inneren, liebevollen Erwachsenen eins werden. Bevor dies geschehen kann, muss Ihr Innerer Erwachsener erst liebesfähig werden.

Wodurch wird Ihr Innerer Erwachsener nicht mehr liebesfähig? Der Grund dafür ist die Tatsache, dass Ihr Innerer Erwachsener nach dem Vorbild Ihrer Eltern geformt wird und deren Muster übernimmt. Hätten Sie perfekte Eltern gehabt, wäre Ihr Innerer Erwachsener perfekt wie diese. Hatten Sie diese nicht, so müssen Sie daran arbeiten, Ihren Inneren Erwachsenen sowie auch Ihr Inneres Kind gemäß dem Muster Ihres Höheren Selbst, Ihres heiligen Christusselbst und Ihres Schutzengels neu umzuformen. Wird Ihr Innerer Erwachsener dadurch ganz gemacht, dass Sie Ihr Inneres Kind und alle Menschen, welchen Sie begegnen, lieben, verschmelzen Sie mit Ihrem heiligen Christusselbst, mit Ihrem Schutzengel.

Nur Sie allein können Ihre Seele – Ihr Inneres Kind – retten. Wie geht das? Sie tun dies durch das heilige Herz Jesu und das heilige Herz Ihres eigenen heiligen Christusselbst, und zwar, indem Sie diese Seele, dieses Innere Kind, lieben und es von den schmerzhaften Erinnerungen befreien, die die Seele von ihrer Empfängnis an beeinträchtigt haben. Ich empfehle Ihnen, die Bücher über das Innere Kind zu lesen, denn dies ist ein wichtiger Schritt für Ihr Seelenwachstum.[6]

Wir verfügen auch über eine überaus wertvolle Möglichkeit, das Innere Kind und den Inneren Erwachsenen zu heilen, die wir von Lord Krishna persönlich erhalten haben. Lord Krishna hat mich angewiesen, Ihnen mitzuteilen, dass er, wenn Sie ihn anrufen, seine Gegenwart über Sie stellen wird, um die Traumata und Aufzeichnungen hinsichtlich dieses Schmerzes zu heilen, den wir erfahren haben. Hatten Sie beispielsweise im Alter von vier Jahren ein emotionales Trauma erlebt, so visualisieren Sie, wie Sie damals, in jenem Alter, zu Krishna sagen: "Geliebter Krishna, stelle deine Gegenwart jetzt über mich, über mein Inneres Kind, als ich vier Jahre alt war" – und er wird es tun. Er wird Ihnen helfen, die gesamten Aufzeichnungen daran zu heilen.

Sie können alle Aufzeichnungen Ihres Lebens mit Lord Krishna auf diese Weise vom Augenblick Ihrer Empfängnis bis zur aktuellen Stunde durchgehen. Sie können ihn anrufen, indem Sie seine Mantren benutzen oder seine "Bhajans" singen, die wir auf Band aufgenommen haben. Ein Teil unseres Inneren Kindes ist bereits eins mit unserem Christusselbst – der Teil, der ganz geworden ist, weil es geliebt worden ist und indem es den Weg gefunden hat. Ein Teil unseres Inneren Erwachsenen ist ebenfalls eins mit unserem heiligen Christusselbst. Doch es ist der verletzte Teil, der geschlagene Teil von beiden, der sich nicht mit dem heiligen Christusselbst vereinen kann, solange er nicht geheilt ist.

Wir müssen also unserem Inneren Kind selbst die Heilung bringen, da unser Inneres Kind unsere Seele ist, und unsere Seele gerettet werden muss. Wir müssen auch unseren Inneren Erwachsenen neu umformen, wenn wir schlechte Vorbilder hatten.

Nur ganz wenige unter uns sind heute perfekte Eltern, und ebenso wenige von uns hatten perfekte Eltern. Schritt für Schritt erkennen wir also, während wir mit unseren Eltern und den Eltern in uns Auflösungsarbeit leisten, dass dieser Teil unseres Selbst nun gerade im Begriff ist, geheilt und ganz gemacht zu werden. Dieses kleine Stück Kuchen, wenn man es einmal so betrachten möchte, kann nun eins werden mit unserem heiligen Christusselbst. Die Anbindung an das heilige Christusselbst findet also Schritt für Schritt statt, entsprechend den Fortschritten, die wir bei der Heilung unseres Inneren Kindes und Inneren Erwachsenen machen.

Fühlen Sie sich von Krishnas Mantren angesprochen und sind diese bedeutungsvoll für Sie, können Sie sich folglich dafür entscheiden, diese zu benutzen und Krishna anzurufen, um seine Unterstützung zu bekommen.

VERGEBEN UND VERGESSEN

Der Prozess der Auflösungsarbeit kann niemals vollständig abgeschlossen sein, solange Sie nicht bereit sind, das negative Karma auszugleichen, das Sie mit den Menschen haben, die Ihnen am nächsten sind. Dies bedeutet, dass Sie vergeben und vergessen, für andere beten, Ihre Ungeduld bezwingen, Ihre Unsensibilität für das, was andere brauchen, ablegen und Ihr Gefühl, ungerecht behandelt zu werden, ins Gegenteil verwandeln müssen. Es ist gut, wenn man nicht vergisst, dass es letztendlich im gesamten Universum keine Ungerechtigkeit gibt.

Wir müssen der Tatsache ins Auge blicken, dass wir in der Vergangenheit Fehler begangen haben, die es nötig machen, dass wir dienen müssen, um das Leben zu befreien – und das bezieht sich auf jeden Menschen, der in unser Leben treten mag. Indem Sie die Verantwortung dafür übernehmen, alle Fehler der Vergangenheit zu korrigieren, tun Sie den ersten Schritt in Richtung Ganzsein auf dem Weg der göttlichen Liebe. Sie müssen in den Modus kommen, anderen zu helfen, mehr zu tun, als von Ihnen erwartet wird, und unzählige Male zu vergeben.

Erzengel Zadkiel und "Amethyst" bringen uns die violette Flamme. Sie lehren uns Vergebung.

Einssein mit Ihrer Zwillingsflamme

Die Erzengel Chamuel und Caritas sind verpflichtet, Sie wieder mit Ihrer Zwillingsflamme zu vereinen, wenn Sie dem Gesetz der göttlichen Liebe gehorchen und bereit sind, Ihr Karma auszugleichen, und sei es durch ein großes Opfer und harte Arbeit. Zwillingsflammen sind göttliche Gegenstücke, die einander ergänzen. Gott hat Sie gemeinsam mit

Abb. 3: Zwillingsseelen

einer anderen Hälfte erschaffen. Anfangs war ein weißer Feuerkörper aus Licht, eine Kugel der Ganzheit. Gott nahm diese Kugel und erschuf daraus zwei von Ihnen, identische Zwillinge, zwei Hälften des göttlichen Ganzen.

Während Sie in den Ebenen der Perfektion lebten, waren Sie immer eins. Als Sie die Gegenwart Gottes verließen, begannen Sie irgendwann, irgendwo auf dem Weg, mit anderen Menschen Karma zu erzeugen. Sie begannen, andere Beziehungen einzugehen. Sie begannen, mit Ihrer Zwillingsflamme zu streiten und wurden über lange Jahrhunderte hinweg getrennt. Sie entwickelten sich immer weiter auseinander. Manchmal trifft man die eigene Zwillingsflamme jahrhundertelang nicht. Sie fühlen sich ohne Ihre andere Hälfte einsam, und dieses Gefühl der Einsamkeit kann alles verzehrend sein.

Das Buch "Healing Your Aloneness" ("Heilen Sie Ihre Einsamkeit") von Erika Chopich und Margaret Paul zeigt Ihnen, wie es Ihnen gelingt, Ihre innere Ganzheit wieder herzustellen, indem Sie mit Ihrem Inneren Kind und Ihrem Inneren Erwachsenen kommunizieren. Ganzheit ist ein Zustand der Einheit mit Gott und der Harmonie mit verschiedenen

Anteilen von sich selbst. Indem Sie den Prozess in Gang setzen und täglich an sich selbst arbeiten, setzen Sie Ihre kreativen Energien frei, so dass Sie Ihre Zwillingsseele anziehen können.

Solange Sie Ihr Leben nicht in Richtung Ganzheit lenken und Ihre innere und äußere Ganzheit nicht zur täglichen Priorität machen, laufen Sie Gefahr, dass Ihre Zwillingsseele Sie nicht erkennt bzw. Sie Ihre Zwillingsseele nicht erkennen. Ganzheit bedeutet das Bestreben darum, zu sein, wer Sie am Anfang gemeinsam mit Ihrer Zwillingsseele waren, so dass Sie heute in der Wirklichkeit, und nicht in der Illusion Ihres wahren Selbst, zusammensein können.

Chamuel und Caritas lehren, dass der Weg, sich mit seiner Zwillingsflamme zu vereinen, darin besteht, sich zuerst mit der eigenen Gottesgegenwart zu vereinen. "In jenem 'Leitstern des Seins'", sagen sie, "in jenem Magneten des heiligen Feuers, werden Sie eine glühende Sonne werden, um Ihre Zwillingsflamme anzuziehen." Sie sagen, dass Sie, um sich mit Ihrer Zwillingsflamme zu vereinen, aktiv werden und die Arbeit verrichten müssen, von der Sie sich sicher sind, dass Gott Sie Ihnen zugewiesen hat, selbst wenn Sie es gar nicht wollen. Verrichten Sie Ihre Arbeit einfach mit freudigem Herzen, da dies zufällig auch zugleich Ihr Karma ist. Freuen Sie sich darüber, dass Sie jeden Tag Gelegenheit haben, Ihr Karma auszugleichen.

Chamuel und Caritas lehren: 'Möget Ihr euch so lieben, wie ich euch geliebt habe' ist das Wort eures eigenen Christusselbst, das an euch und eure Zwillingsflamme gerichtet ist. Denn so schmerzhaft es auch sein mag – Ihr seid von eurer Zwillingsseele nur aus einem einzigen Grund getrennt: Ihr habt einander gegenseitig nicht so geliebt, wie Christus euch einzeln geliebt hat. Daher hat das Karma der 'Lieblosigkeit' die Trennung verursacht." Denken Sie darüber nach. "Lasst die perfekte Liebe eure Angst vor der Einsamkeit und davor, getrennt von Gott und eurer Zwillingsflamme zu sein, vertreiben. Ruft die violette Flamme an und gebt folgendes Versprechen: 'Oh Gott, niemals wieder werde ich meine Zwillingsflamme oder irgendeinen Teil des Lebens verletzen.' Wenn Ihr 'einander liebt', wie Christus euch geliebt hat und auf ewig liebt, wird euch dies als Zeichen der Liebe für eure Zwillingsflamme angerechnet werden."

Mit anderen Worte: Mit wem auch immer Sie in einer Beziehung stehen - mit Ihrer Familie, Freunden, Verwandten, Nachbarn, Menschen, welchen Sie beruflich begegnen -, wenn Sie diesen die Liebe entgegenbringen, die Sie auch Ihrer Zwillingsflamme entgegenbringen würden, so strömt diese in der Tat zu Ihrer Zwillingsflamme und wird zur Wiederherstellung verwendet. Wenn Sie also Menschen treffen, denken Sie daran, dass Christus in ihnen wohnt. Sie haben einen Schutzengel. Schenken Sie all die Fülle der Liebe Ihres Herzens her - in dem Wissen, dass diese Liebe niemals verloren geht, niemals vergeudet wird, egal, wie die Reaktion darauf sein mag, denn wahre göttliche Liebe kehrt immer zum Herzen Gottes zurück, nachdem Sie diese durch einen Menschen strömen ließen, den Sie lieben.

GLEICHEN SIE IHR KARMA AUS

Chamuel und Caritas erklären uns: "Liebt alles Leben und ihr werdet sehen, dass ihr jede Ungerechtigkeit ausgleichen werdet, die euch von eurem

Herzallerliebsten getrennt hat. Was auch immer ihr in der Arbeit oder im Spiel tut, hört nicht auf, weil euch jemand schräg anschaut oder euch falsch anspricht. Gebt nicht auf, bis ihr versucht habt, Verständnis, Frieden und zumindest gegenseitigen Respekt zu erwerben, wo es zu einer Meinungsverschiedenheit zwischen euch und einem anderen gekommen ist." Ziehen Sie weiter Ihres Weges, wenn alles gesagt ist, was zu sagen ist. Sie können Menschen nicht zu Ihrem Ebenbild machen, doch Sie können immer freundlich bleiben.

Manchmal, wenn wir in einer schlechten Verfassung sind, sind wir uns selbst gegenüber nachgiebig. Wir verstehen nicht, weshalb wir unser Karma ausgleichen sollten, denn uns ist in etwa Folgendes erklärt worden: "Jesus hat doch die Zeche für unsere Sünden schon längst bezahlt." Wir entziehen uns also der Verantwortung, weil es hart, schmerzhaft und unangenehm ist, an einen Menschen oder eine Situation gefesselt zu sein, an die wir nicht gefesselt sein wollen. Es ist schlechte Arbeit. Und wir lieben gute Arbeit.

Bleiben Sie dran und gleichen Sie Ihr Karma aus, indem Sie dienen, um das Leben zu befreien, vor allem die Menschen, die Ihnen am nächsten stehen. Sprechen Sie Ihre Dekrete zur violetten Flamme mit all der Sorgfalt und Hingabe, wie es sich dafür ziemt, und Sie werden jenes Karma allmählich ausgleichen und müssen niemals wieder mit dieser Situation oder Person zu tun haben. Dies gilt selbstverständlich nur, solange Sie nicht mit jener Person weiteres negatives Karma anhäufen bzw. solange die Dinge sich nicht schon ganz gebessert haben, weil Sie das Karma ausgeglichen und an Ihrer Psyche gearbeitet haben, so dass Sie nun den Wert dieser Beziehung erkennen können.

Ja, es ist wichtig, dass Sie die Ihnen von Gott zugewiesenen Aufgaben wahrnehmen, um Ihr Karma auszugleichen. Es ist auch wichtig, dass Sie kein falsches Verantwortungsgefühl entwickeln und nicht zu lange in einer Situation verharren, wenn Sie Ihr Karma bereits ausgeglichen und die Verbindung auf einer höheren Ebene hinter sich gelassen haben. Im Folgenden nun einige Tipps, wie Sie das Karma ausgleichen können, das Sie von Ihrer Zwillingsflamme trennt.

Karma als Ursache von Trennung

Angenommen, Sie sitzen gerade im jetzigen Augenblick neben Ihrer Zwillingsflamme und wissen es nicht. Dies geschah während einer unserer Konferenzen. Zwei Menschen, die sich noch niemals begegnet waren, setzten sich in die vorderste Reihe – und es stellte sich heraus, dass es Zwillingsflammen waren. Ich beobachtete sie während der gesamten Konferenz, um zu sehen, wann sie es merken würden. Nun, sie merkten es – und sie heirateten und lebten glücklich und zufrieden bis an ihr Lebensende, und wenn sie nicht gestorben sind, dann leben sie noch heute.

Ihr Karma, das Sie entweder mit Ihrer Zwillingsflamme oder jemand anderem haben, kann Ihnen also sehr wohl die Beziehung entreißen, auf die Sie Ihr ganzes Leben lang, ja vielleicht sogar viele Leben lang, gewartet haben. Ihr Karma kann Ihnen aber auch eine tiefere Intimität mit Ihrem Hauptschutzengel verwehren. Ja, Karma kann Sie tiefer, befriedigender Beziehungen auf allen Ebenen berauben. Und so kann jedes kleine bisschen Karma, das Ihnen noch bleibt, eine mögliche Ursache der

Trennung und Teilung zwischen Ihnen und Ihrem Gott sowie zwischen Ihnen und Ihrer Zwillingsflamme sein, solange Sie Ihr Karma nicht zu 100 Prozent ausgeglichen haben. Obgleich viele Zwillingsflammen auf der physischen Ebene getrennt sind, arbeiten deren Seelen in der Himmelswelt in den Rückzugsorten der Erzengel und in den Universitäten des Geistes zusammen.

Wir wollen nun unseren Schutzengel anrufen und darum bitten, uns den Heilbalsam der Liebe zu geben. Wir werden "das Gebet für den Mekkabalsam" sprechen. Und schicken Sie noch eben jetzt einen Ruf zu Ihrem Schutzengel, bevor wir dieses Gebet gemeinsam sprechen.

The Balm of Gilead

O Love of God, immortal Love
Enfold all in thy ray
Send compassion from above
To raise them all today!
In the fullness of thy power
Shed thy glorious beams
Upon the earth and all thereon

Where life in shadow seems!
Let the Light of God blaze forth
To cut men free from pain
Raise them up and clothe them, God
With thy Mighty I AM name!

Ein Gebet für den Mekkabalsam

OH LIEBE GOTTES, UNSTERBLICHE LIEBE,
umhülle alles mit deinem Strahl,
sende Mitgefühl von oben herab,
um sie alle heute zu erhöhen!
In der Fülle deiner Kraft,
vergieße deine herrlichen Strahlen
auf die Erde und auf alle, die auf ihr leben,
wo das Leben im Schatten zu verlaufen scheint!
Lass' das Licht Gottes erstrahlen,
um die Menschen vom Schmerz zu befreien.
Erhöhe sie und kleide sie, oh Gott,
mit deinem mächtigen Namen ICH BIN!

DIE ERZENGELIN CARITAS

Erzengelin Caritas ist die Zwillingsflamme von Erzengel Chamuel. Sie hat seit Jahrhunderten gearbeitet, um den Erdenkindern zu helfen, ihr Karma durch Dienst am Leben auszugleichen. Sie war Tutorin der Aufgestiegenen Meisterin Nada, einem sehr hohen, spirituellen Wesen, in deren letzten Inkarnation auf Erden.

Nada war das jüngste Kind einer großen, außergewöhnlich begabten Familie. Die Erzengelin Caritas erschien ihr in sehr jungen Jahren und lehrte sie, Gottes Liebe aus ihrem Herzen zu schöpfen und diese in das Naturreich zum Segen des Lebens auszustrahlen. Caritas lehrte sie auch, ihre dreifältige Flamme wachsen zu lassen, so dass sie zum Werkzeug werden konnte, um die Chakren ihrer Brüder und Schwestern zu beschleunigen.

Nada unterstützte ihre Geschwister, so dass es diesen gelang, in ihren jeweiligen Berufen Fuß zu fassen. Ihre innere spirituelle Arbeit bestand darin, die Flamme auf dem Altar ihrer Herzen zu hüten, während sie ihre Energien und Talente nutzten, um große persönliche Beiträge zu ihrer Kultur zu leisten.

Allem Anschein nach hat Nada aus weltlicher Sicht nicht viel geleistet. Doch ihre Freude und ewiger Lohn, so erklärte sie, waren das Verdienst ihres Bemühens darum, die Herzen ihrer Familie zu nähren, so dass diese erfolgreich werden konnten, sowie der Verdienst ihres Wissens darum, dass ihre Dienste unerlässlich für deren Erfolge waren. In der Tat vollzog Nada ihren Aufstieg – die endgültige Vereinigung mit Gott – am Ende jenes Lebens. Es war ein Leben, in dem sie sich der Liebe und Selbstlosigkeit im Dienen hingegeben hatte, denn Nada opferte die Chance zu einer brillanten Karriere, die ihr winkte.

In seiner Interpretation Nadas als Aufgestiegene Meisterin fängt der Künstler hier das Feuer ihrer Aura und Gegenwart ein. Sie können diese Abbildung benutzen, um auf ihre große Meisterschaft über die lebendige Flamme der Liebe zu meditieren.

Ihr persönliches Karmabündel

Nada dient im karmischen Rat der acht aufgestiegenen oder kosmischen Wesen, die über das

Abb. 4: Lady Nada

Karma der Erde und deren Evolutionen gerichtlich entscheiden. Einige unter Ihnen haben Bücher über Menschen gelesen, die in frühere Leben zurückgeführt wurden und sich an Erlebnisse erinnern, die sie hatten, bevor sie geboren wurden. Sie erinnern sich daran, von einer Gruppe spiritueller Berater hinsichtlich dessen Ratschläge erhalten zu haben, was sie in ihrem nächsten Leben zu tun hätten. Sie erinnern sich an ihre Zusammenarbeit mit den "Herren des Karmas", die den karmischen Rat bilden.

Wenn Sie geboren werden, kommen Sie mit je einem Bündel Ihres guten und einem Ihres weniger guten Karmas an. Das erste Karma, dem Sie im Leben begegnen, ist das mit Ihren Eltern. Normalerweise haben Sie Ihr schwerstes Karma mit Ihren Eltern oder Geschwistern, mit Verwandten, Ihren Ehegatten oder –partnern, Ihren Kindern, Arbeitgebern oder Arbeitnehmern - oder all diesen zusammen! Wenn Sie dies verstehen können und wirklich frei sein möchten, können Sie viel Auflösungsarbeit, viel Vergebung und viel Liebe leisten.

Ein gutes Buch, in dem die Erfahrungen der Menschen mit spirituellen Beratern zwischen den Leben auf Erden aufgezeichnet sind, ist das Werk

"Life between Life" ("Das Leben zwischen den Leben") von Joel Whitton und Joe Fisher. Dies ist ein höchst bemerkenswertes Buch. Die Fallstudien sind authentisch. Ich finde, dass jemand, mit dem ich mich unterhalte, der nichts von Themen wie Karma oder Tod versteht und den plötzlichen Tod eines geliebten Menschen erlebt hat, aber fähig sind, dieses Buch zu lesen, eine gewisse Logik hinter der menschlichen Existenz erkennen und verstehen kann, warum Menschen manchmal so plötzlich aus dem Leben gerissen werden. Wenn Sie also dieses Buch lesen und einige Exemplare davon besitzen, können Sie mehr als nur eine Beileidskarte schreiben. Sie können etwas schicken, an das Menschen andocken können, das ihnen Hoffnung, Vision und Trost schenkt.

FORDERN SIE DIE GEGENKRÄFTE DER LIEBE HERAUS

Erzengel Chamuel lehrt uns, wie wir die Gegenkräfte der Liebe herausfordern können. Er hat uns ein Mantra geschenkt, mit dem uns dies definitiv gelingt. Die Gegenkräfte der Liebe sind Dinge, die die Manifestation Gottes in uns behindern. Dies ist jede kleine Gereiztheit, jede Wut, jeder Streit, jedes böse Wort und auch alle Passivität, die uns davon abhält, dass wir eine Sache zu Ende führen. Es ist jede Kraft, die sich gegen das Licht in uns stellt, jede Kraft, die die Unbescholtenheit, Ehre und Freiheit Ihrer Seele verletzt. Es ist auch alles, angefangen von leichter Abneigung über Kritik und Verurteilung bis hin zu abgrundtiefem Hass.

Chamuel sagt, dass diese Gegenkräfte der Liebe ganz unterschwellig agieren. Sie existieren sowohl im Unterbewusstsein als auch in der Weltöffentlichkeit. Sie haben sich in unserer Psyche durch Autoritätsfiguren festgesetzt, beispielsweise Menschen, die in Ihnen Gefühle von Selbstverachtung, Selbstverurteilung und mangelndem Selbstwertgefühl erzeugt haben. All dies fällt unter die Rubrik "Gegenkräfte der Liebe".

Chamuel sagt: "Die Reinigung Ihres Hauses von den Gegenkräften der Liebe ist eine Methode, um Ihre Seele auf die Ganzheit und die Ermächtigung durch die Erzengel vorzubereiten." Die Erzengel können Ihnen die Kraft, in dieser Welt all die guten Ziele zu erreichen und umzusetzen, die Sie unterstützen würden, erst dann verleihen, wenn Sie sich dieser Gegenkräfte der Liebe entledigt haben. Solange Sie ihnen immer noch erlauben, Teil Ihres Haushaltes oder Ihrer Psyche zu sein, könnten Sie nämlich diese Gegenkraft der Liebe in einem unbedachten Moment befreien und die Macht missbrauchen, die Gott Ihnen durch die Erzengel verleihen könnte.

Auf diese Weise hat die gesamte Menschheit die Ermächtigung durch Gott verloren. Aus diesem Grund wurde unser Leben um 70 Prozent verkürzt. Es wird in der heutigen Zeit wieder etwas verlängert, doch man sagt, früher hätten die Menschen jahrhundertelang gelebt. Manche Menschen glauben diese Geschichte in der Bibel nicht – ich schon. Da die Menschen die Macht Gottes nicht missbrauchten, besaßen sie die Kraft Gottes, ihr Leben auf 100, 180 oder gar 200 Jahre zu verlängern.

Wenn Sie die Kraft Gottes folglich für einen guten Zweck erstreben, beispielsweise, damit in Ihrer Stadt irgendetwas passiert, brauchen Sie diese Kraft und Energie. Sie brauchen diese unerschöpfliche Quelle. Sie müssen die Kräfte lenken können, die Sie innerlich in zwei Hälften teilen und daher bewirken würden, dass Sie die Energie Gottes verlieren. Gott ist hinsichtlich der Vergabe seiner Energie sehr zurückhaltend. Er investiert sie in Menschen, die es sich nicht erlauben, verstimmt und wütend oder gar gemein zu einem anderen zu sein.

Chamuel sagt also: "Seid bereit, es mit den Gegenkräften der Liebe aufzunehmen. Sie werden euch nicht freiwillig verlassen." Erkennen Sie, wenn diese ihre Krallen bei Ihnen einschlagen. "Daher müsst ihr mit mir dieses 'Fiat' sprechen", so sagt er, "das sie für immer verbannen wird." Im Folgenden nun also das Fiat, das Erzengel Chamuel mir im Oktober 1992 in New York City gegeben hat, als ich sein Diktat dort empfing. Er sagt, dass Sie ihn jedes Mal, wenn Sie dieses Fiat sprechen wollen, anrufen sollen, um es gemeinsam mit Ihnen zu sprechen. Hier nun der genaue Wortlaut:

In the name of God, I AM THAT I AM,
in the name Archangel Chamuel:
Be gone, forces of anti-Love!

Im Namen Gottes, ICH BIN DER ICH BIN.
Im Namen von Erzengel Chamuel:
Verschwindet, Gegenkräfte der Liebe!

Hier üben Sie Ihr Anrecht aus, den Kräften
der Dunkelheit zu befehlen, Sie zu verlassen, aus
Ihrem Haushalt zu verschwinden, sich aus Ihrem
Berufsleben zurückzuziehen und aufzuhören, Ihre
Kinder, Ihre Nachbarn und Ihre Stadt zu belästi-
gen. Wenn Sie Ihr Augenmerk auf ein bestimm-
tes Problem in Ihrer Stadt oder Gemeinde richten, so entscheiden Sie sich, worauf Sie sich
konzentrieren möchten; arbeiten Sie jeden Tag am
gleichen Stück. Sie können daran zu einer bestimmten Uhrzeit arbeiten, bevor Sie zur Arbeit
gehen, etwa um sieben Uhr morgens, bevor Sie
zu Bett gehen, um 21 Uhr, oder vielleicht auch
um 12 Uhr mittags. Wenn Sie rufen und Gottes
Namen sowie den Namen des betreffenden Erzengels sagen, der diese Aktion unterstützt, und
auch das entsprechende Fiat dazu beten, werden
die Erzengel und deren Engelsscharen durch Sie
dazu ermächtigt, sich an die Arbeit zu machen
und das Problem zu lösen.

Wenn Sie dieses Mantra sprechen, sprechen Sie den ersten Teil nur einmal: "Im Namen Gottes, ICH BIN DER ICH BIN, im Namen von Erzengel Chamuel". Den zweiten Teil "Verschwindet, Gegenkräfte der Liebe" wiederholen Sie neunmal, um ihm den Impuls und die Autorität Ihres gesamten Wesens zu verleihen.

Ich möchte nun, dass Sie an eine bestimmte Situation denken, die Sie von Zuhause, aus der Schule, Ihrem Beruf oder der Politik in Ihrer Stadt kennen - irgendeine Situation, die Ihnen gerade einfällt, von der Sie wissen, dass es sich um eine trennende Kraft handelt, die eher zum Niedergang als zur Zusammenführung von Menschen in einer gemeinsamen Aktion der Gemeinde oder der Familie beiträgt.

Haben Sie nun alle etwas gefunden? Falls nicht, denken Sie einfach an Kindesmissbrauch. Ist dies nicht eine Gegenkraft der Liebe? Möchten Sie nicht augenblicklich gemeinsam mit Erzengel Chamuel an der Seite jedes Kindes stehen, das unter Kindesmissbrauch leidet? Würde es Ihnen nicht gefallen, wenn Sie wüssten, dass Sie etwas für dieses Kind getan haben? Nun - Sie können etwas tun. Ich werde eine Anrufung durchführen, und dann werden wir sie gemeinsam sprechen.

Anrufung

"Allmächtiger Gott, wir rufen dich zu dieser Stunde. Wir rufen dich an und bitten um den mächtigen Kreis und das mächtige Schwert der blauen Flamme von den Elohim Gottes um unsere Städte herum. Wir rufen Erzengel Chamuel an und bitten ihn, die Gegenkräfte der Liebe zu binden! Lass sie gebunden sein und von diesem Planeten genommen, so dass sie sich niemals mehr gegen unsere Kinder richten können!

Wir bitten um die Heilung der Kinder, die auf irgendeine nur erdenkliche Weise missbraucht wurden. Wir rufen und bitten um die Heilung unseres eigenen Inneren Kindes. Wir rufen und bitten sodann nicht nur um die Heilung unserer Städte, sondern auch um die der Kinder in jedem Ort, Dorf und in jedem Heim in allen Städten aller Länder auf diesem Planeten Erde. Denn wir wissen, dass die Engelscharen der Aufgabe gewachsen sind. Wir wissen: Wenn wir einen Engel anrufen, so rufen wir automatisch alle an. Daher sprechen wir nun gemeinsam:

In the name of God, I AM THAT I AM,
in the name of Archangel Chamuel:
Be gone, forces of anti-Love!

Im Namen Gottes,
ICH BIN DER ICH BIN,
im Namen von Erzengel Chamuel:
Verschwindet, Gegenkräfte der Liebe!

(Neunmal wiederholen)

Wir sprachen das Dekret neunmal. Dies entspricht laut Ansicht der Alchemisten der Kraft des "drei mal drei", der Dreifaltigkeit multipliziert mit der Dreifaltigkeit. Diese Gegenkräfte der Liebe haben sich fest verwurzelt. Wenn wir diese letzte Zeile wiederholen, ermächtigen wir Erzengel Chamuels Engelscharen. Wir müssen ihnen unsere Energie geben.

Dann ziehen sie los in den Kampf gegen diese Dämonen und treiben sie aus den Kindern und aus der Stadt aus.

Wenn Sie das Fiat sprechen, lenkt Chamuel das Licht direkt durch Ihre Chakren und schickt es in jedes Land, damit die Gegenkräfte der Liebe in deren Regierung, Wirtschaft und allen Aspekten der Gesellschaft gebunden werden. Wir wollen es erneut sprechen, so dass Erzengel Chamuel unser Fiat durch die gewaltige Kraft seiner Gegenwart in alle Himmelsrichtungen auf der Erde vervielfachen kann.

In the name of God, I AM THAT I AM,
in the name of Archangel Chamuel:
Be gone, forces of anti-Love!

Im Namen Gottes, ICH BIN DER ICH BIN,
im Namen von Erzengel Chamuel:
Verschwindet, Gegenkräfte der Liebe!

(Neunmal wiederholen)

VISUALISIEREN SIE, WIE DIE HANDLUNG
TATSÄCHLICH STATTFINDET

Benutzen Sie nun die Kraft Ihres Dritten Auges, um zu visualisieren, wie die gewünschte Handlung umgehend durch Millionen von Engelsscharen unter Chamuels Befehl augenblicklich ausgeführt wird. Richten Sie also Ihre Aufmerksamkeit auf den Punkt, wo Ihr Drittes Auge sitzt, in der Mitte zwischen den Augenbrauen, und visualisieren Sie. Sie sehen Kinder – arme Kinder, reiche Kinder, Kinder der Mittelschicht, Kinder überall in der Stadt. Sie sehen diese Kinder, und Sie sehen auch Chamuels Engel (wie Sie wissen, sind es rosafarbene Engel). Sie sind gerade in einen Kampf verwickelt, daher tragen sie volle Kampfausrüstung. Sie sind dort vor Ort, um alle Dämonen zu binden. Sie gehen auf jedes Kind zu und nehmen ihm jede Gegenkraft der Liebe, die durch jeden hindurchkommen könnte, auch diejenigen, die nicht wissen, dass sie Werkzeuge der Gegenkräfte der Liebe sind, und die es gut meinen. Sie sehen diesen Prozess ablaufen. Sie visualisieren ihn. Während Sie dies beobachten, richtet sich die Kraft des Dritten Auges direkt darauf.

Sehen Sie vor Ihrem geistigen Auge die vertrauten Wahrzeichen der verschiedenen Länder als Bezugspunkte. Sie sehen den Eiffelturm, das Brandenburger Tor, Sie haben all diese Orte bereits im Fernsehen gesehen. Stellen Sie sich also vor, Sie seien dort vor Ort. Stellen Sie sich vor, die Engel seien vor Ort. Stellen Sie sich vor, wie die Engel von Chamuel jene Kinder beschützen. Sie können Kinder in Bosnien oder in Somalia sehen. Alles, was Sie im Fernsehen gesehen haben, können Sie jetzt vor Ihrem geistigen Auge sehen. Doch Sie fügen in diese Szenen noch die Engelsscharen von Chamuel und Caritas mit hinein. Sie sehen außerdem, wie diese jede Gegenkraft der Liebe binden, durch die jene Kinder der Nahrung, der Kleider, einer guten Bildung, eines normalen Lebens ohne Krieg oder Hungersnot beraubt werden. Sehen Sie diese Kinder über die ganze Welt verteilt.

Sehen Sie, wie die Engel in die verschiedenen Länder, in die Vereinigten Staaten sowie in Ihr eigenes Land gehen. Setzen Sie Ihr Drittes Auge ein und senden Sie in jedes Land, in dem die Gegenkräfte der Liebe lauern, einen Lichtstrahl. Schauen Sie sich also abends die Fernsehnachrichten an, machen Sie sich von den Szenen Notizen und speichern Sie diese im Geiste. Schalten Sie sodann das Fernsehgerät ab und schicken Sie ein einfaches Gebet zu Gott. Bitten Sie um sein Eingreifen in alle Situationen der Nachrichten und der Zeitungen, auf die Sie in den letzten 24 Stunden aufmerksam geworden sind. Schließen Sie das Ganze nochmals mit dem gleichen Fiat ab.

Sammeln Sie nun alle Brennpunkte der Welt, an die Sie sich gerade in diesem Augenblick erinnern, wo die Gegenkraft der Liebe herrscht. Wir wollen das Fiat gleich noch einmal sprechen. Vergessen Sie nicht – sehen Sie vor Ihrem geistigen Auge, wie es geschieht. Das ist sehr wichtig, wenn Sie dieses Gebet sprechen. Nun alle zusammen:

In the name of God, I AM THAT I AM,
in the name of Archangel Chamuel:
Be gone, forces of anti-Love!

Im Namen Gottes, ICH BIN DER ICH BIN,
im Namen von Erzengel Chamuel:
Verschwindet, Gegenkräfte der Liebe!

(Neunmal wiederholen)

HALTEN SIE GEMEINSAM MIT DEN ERZENGELN WACHE

Erzengel Chamuel ist voller Entschiedenheit. Er sagt, die sieben Erzengel und ihre Engelsscharen verfügen über Lösungen selbst für die schwierigsten Probleme unserer Städte und Länder, wie etwa organisiertes Verbrechen, Drogen, mangelnde Bildung, Bandenbildung, die nationalen Schuldenberge und AIDS. Sie haben die Bausteine Ihrer Psyche im Griff und können Ihnen zeigen, wie Sie diese selbst in den Griff bekommen können. Er verspricht – großes Pfadfinderehrenwort! – dass sich, wenn Sie mit den Erzengeln Wache halten, für all Ihre Probleme eine Lösung finden lässt.

Chamuel sagt: "Ich, Chamuel, gemeinsam mit Caritas und all den Engelsscharen Gottes, fordere euch auf! Es erfordert nicht 24 Stunden am Tag. Es erfordert eine verbindliche Zusage, wenn auch nur für eine kurze Zeitspanne. Wir dienen den Menschen, die am offensten dafür sind, bedient zu werden, da diese ihre Herzen für Gott geöffnet haben und ein hingebungsvolles Wesen besitzen ...

Warum verpflichtet ihr euch nicht, wenigstens 15 Minuten pro Tag ohne Ausnahme darauf zu verwenden, um eines oder mehrere eurer Lieblingsgebete zu sprechen, einfach, um eure Anbindung an uns aufrechtzuerhalten, so dass ihr, ob ihr gerade wach seid oder schlaft, das Licht erhalten werdet, das wir durch eure Chakren strömen lassen, das euch Tag für Tag Auflösung bringt?"

Die Erzengelin Caritas verspricht, dass zwei Engel aus ihrer Schar bis zur Stunde Ihres Aufstiegs in den Himmel an Ihrer Seite stehen werden, solange Sie den Pfad der göttlichen Liebe beschreiten. Diese Engel sind Vertreter der Cherubim. Sie werden als Wächter dienen, um Sie vor Böswilligkeit, übler Nachrede und allen Missverständnissen, die gegen Sie gerichtet sind, zu bewahren. Ihre Freude, ihr Daseinszweck, besteht darin, die dreifältige Flamme anzubeten, die in Ihrem Herzen brennt. Caritas sagt, dass Ihre Hingabe an diese Engel das rosafarbene Licht der Aura verstärken wird, die Ihr Herzchakra umhüllt.

DIE WACHENDEN CHERUBIM

Ich möchte Ihnen nun das heilige Amt der wachenden Cherubim vorstellen. "Cherubim" ist der hebräische Plural von "Cherub". Das Wort "Cherub" stammt von einem akkadischen Wort mit der Bedeutung "einer, der betet" oder "einer, der eingreift" bzw. vom assyrischen Wort, das "nahe sein" bedeutet. Folglich bezieht sich "Cherub" auf Nahestehende, persönliche Diener, Bodyguards oder Höflinge. In den Sagen der Rabbiner und des Okkultismus sind die Cherubim die Thronträger und Wagenlenker Gottes, denn sie verkörpern die Winde. Ihre Rolle besteht darin, die Heiligkeit Gottes zu bewachen. Die Kabbalisten assoziierten die Cherubim mit Yesod, dem neunten Sefiroth des Baums des Lebens. Gemäß der Kabbalah ist Yesod "das Fundament" und stellt die zeugungsfähige Lebenskraft des Universums dar.

Im Christentum zählen die Cherubim zu den höchsten Rängen der Engel. Sie sind die ersten Engel, die im Alten Testament erwähnt sind. In der Schöpfungsgeschichte heißt es: Nachdem Gott der Herr Adam und Eva aus dem Paradies vertrieben hatte, "lagerte er vor dem Garten Eden die Cherubim mit dem bloßen, hauenden Schwert, zu bewahren den Weg zu dem Baum des Lebens".[7]

Im Alten Testament tragen die Cherubim Gottes Thron im Allerheiligsten, d.h. im innersten Heiligtum des Tempels. Die Bibel beschreibt, dass der Herr zwischen den Cherubim sitzt. Der Herr wies Moses an, beim Bau des Tabernakels zu beiden Seiten des Gnadenstuhles, der den Deckel der Bundeslade bildet, einen goldenen Cherubim zu postieren. Der Herr sprach zu Moses: "Die Cherubim sollen ihre Flügel ausbreiten von obenher, dass sie mit ihren Flügeln den Gnadenstuhl bedecken und eines jeglichen Antlitz gegen das des anderen stehe; (...) und sollst den Gnadenstuhl oben auf die Lade tun und in die Lade das Zeugnis legen, das ich dir geben werde. Von dem Ort will ich mich dir bezeugen und (...) nämlich von dem Gnadenstuhl zwischen den zwei Cherubim, der auf der Lade des Zeugnisses ist, alles, was ich dir gebieten will an die Kinder Israel."[8]

Ein Kommentator schreibt: "Laut den alten Rabbinern lautete der Name des einen [Cherubim

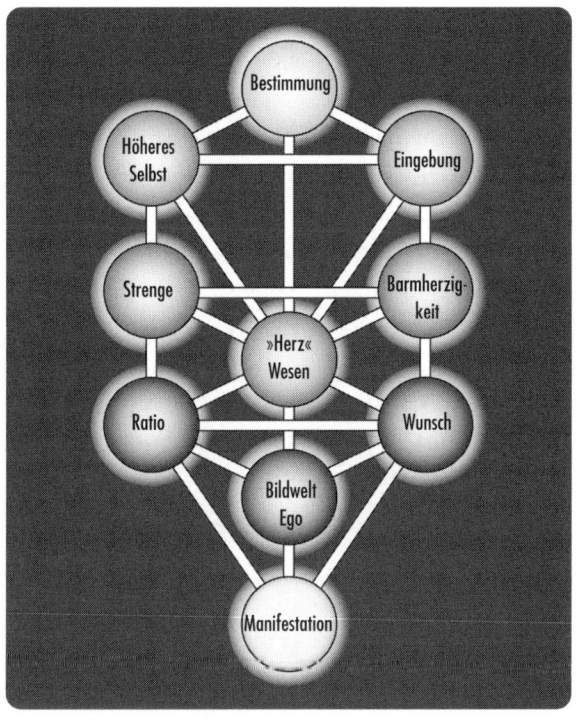

Abb. 5: Der Baum des Lebens der Kabbalah

auf dem Gnadenstuhl] 'Gerechtigkeit' und [der Name] des anderen war 'Gnade'. Doch einige Schriftdeuter aus alten Zeiten sagten, dass ihre Gesichter zwar normalerweise halb voneinander weggedreht waren, doch wenn Friede und Gerechtigkeit unter den Menschen herrschten, wandten sie sich einander zu, beugten sich nach vorn und küssten einander."[9]

In Salomons Tempel in Jerusalem waren die Wände mit Schnitzereien bedeckt, die die Cherubim darstellten. Im Buch Hesekiel ist Hesekiels Vision von vier Cherubim aufgezeichnet: "Und ich sah, und siehe, es kam ein ungestümer Wind von Mitternacht her mit einer großen Wolke voll Feuer, das allenthalben umherglänzte; und mitten in dem Feuer war es lichthell. Und darin war es gestaltet wie vier Tiere, und dieselben waren anzusehen wie Menschen."[10]

Laut Hesekiels Beschreibung hat jeder Cherubim vier Gesichter, vier Flügel und Hufe wie ein Kalb. Er sagte: "Und die Tiere waren anzusehen wie feurige Kohlen, die da brennen, und wie Fackeln; und das Feuer fuhr hin zwischen den Tieren und gab einen Glanz von sich, und aus dem Feuer gingen Blitze."[11]

Im Islam preisen die Cherubim Gott unablässig, indem sie singen "Ruhm sei Allah". Angeblich wohnen sie an einem Ort, wo der Teufel sie nicht angreifen kann.

Bis ins elfte Jahrhundert hinein wurden die Cherubim auf Bildern mit reifen Gesichtern und von zwei bis sechs großen Flügeln eingerahmt abgebildet. Mit dieser Art der Abbildung wollte man den reinen Geist, die Intelligenz und die Schnelligkeit der Cherubim darstellen. In späteren religiösen Kunstwerken wurden die Cherubim standardmäßig mit plumpen Kinderköpfen und lockigem Haar abgebildet, flankiert von einem Bausch kleiner Flügel. So ging das ursprüngliche Verständnis für die Cherubim als machtvolle, feurige Wächter der Bundeslade verloren, die Gott mit seinem Volk durch Moses erschaffen hatte.

– TEIL 2 –

SO BEGEGNEN
SIE IHREM
SCHUTZENGEL

So begegnen Sie
Ihrem Schutzengel

Ich möchte Ihnen eine lustige Begebenheit mit einem Werbeplakat erzählen, das mein Ehemann Mark und ich gesehen hatten, als wir vor vielen Jahren nach Colorado Springs fuhren. Wir blickten empor und auf der Plakattafel stand: "Ein Engel im Himmel ist niemand Besonderes". Das sollte bedeuten: "Fahren Sie vorsichtig, denn wenn Sie bei einem Autounfall ums Leben kommen, wird niemand bemerken, dass Sie ein Engel im Himmel sind. Es ist besser, ein Engel auf Erden zu sein."

Ich fand das nun äußerst amüsant und sehr zutreffend.

Meine Begegnung mit
Erzengel Gabriel

Ich möchte Ihnen von meiner ersten Begegnung mit einem Engel berichten. Ich war 18 Jahre alt und machte gerade den Abschluss an der Highschool in meiner Heimatstadt, Red Bank im Staat New Jersey. Ich kam aus der Kirche über die Vortreppe der Christian Science Church (Kirche der Christlichen Wissenschaft), wo ich die Sonntagsschule besuchte. Dort, im schönen Sonnenschein, fand ich mich plötzlich direkt Erzengel Gabriel gegenüber. Es war einer der großartigsten Augenblicke in meinem Leben. Ich hatte niemals zuvor so etwas erlebt.

Sobald ich erkannte, dass er dort stand, bemerkte ich auch, dass ich völlig in seine Aura eingehüllt war – ein weißes Licht gewaltigen Ausmaßes. Ich erkannte, dass er mir geistig mitteilte, was er mich wissen und verstehen lassen wollte. Die Worte waren klar, und meine Antwort auf das, was er mir vermittelte, lautete: "Was – ich soll in diesem Leben meinen Seelenaufstieg machen?!"

Das war verblüffend für mich, denn niemand hatte mir je gesagt, dass ich möglicherweise noch in diesem Leben meinen Aufstieg machen sollte. In der Tat war mir bisher immer beigebracht worden, dass nur Jesus aufgestiegen ist, und dass dies nicht für jeden bestimmt ist. Aber in Wirklichkeit ist es für jeden gedacht!

Erzengel Gabriel ist der Engel der Verkündigung. Wie Sie wissen, verkündete er Zacharias und Elisabeth die Geburt von Johannes dem Täufer. Er verkündete Maria und auch Josef, dass sie das Christuskind hervorbringen würden. Doch Erzengel Gabriel tritt auch zu Ihnen ins Leben, das Ihr Letztes sein könnte - und das könnte dieses Leben sein -, um anzukündigen, dass dies das Leben ist, in dem Sie Ihre Mission, Ihren Lebenssinn, Ihre Berufung bei Gott erfüllen sollen. Wenn Sie hinhören, werden Sie ihn hören. Wenn wir nach den Engeln lauschen, hören wir, wie sie mit uns kommunizieren.

Erzengel Gabriel erlaubte es mir, ihn zu sehen, indem er das Sehvermögen meines inneren Auges beschleunigte. Ich spürte seine kraftvolle Gegenwart. Alle Engel haben eine großartige Aura, doch die Erzengel stehen über allen anderen Engelsrängen. Ihre Aura ist so groß, dass Sie diese in Ihre Gefühlswelt mit übernehmen. Sie nehmen Liebe, Hoffnung, Glaube, Ermutigung und Unterstützung auf. Denn eine ihrer Möglichkeiten, uns zu helfen, besteht darin, dass sie ihre Aura benutzen, um uns dieses gewaltige Licht, das sie von Gott bekommen haben, zu übermitteln oder zu übertragen – und sie sind oft in der Gegenwart Gottes. Erinnern Sie sich daran, als Gabriel dem Zacharias verkündete, dass ihm Johannes geboren werden würde? Er sagte: "Ich bin Gabriel, der in der Gegenwart Gottes steht." Und so bringen uns die Engel Gottes Gegenwart, wenn wir selbst nicht imstande sind, dem großen Licht und der gewaltigen Kraft, in Gottes Gegenwart zu sein, standzuhalten.

Ich spürte seine Kommunikation gleichsam als kugelförmige Hülle. Seine Aura umhüllte und umfing mich wie eine Kugel und hielt mich in einem Bewusstseinszustand, den ich selbst nicht besaß, für den ich nicht die richtigen Voraussetzungen hatte. Ich spürte meine Einheit mit Gott. Es war für mich eine Erfahrung, die mir Sicherheit und Stärke für ein ganzes Leben verliehen hat. Ich wusste also, dass ich für den Bruchteil einer Sekunde in der Zeit und Ewigkeit die Gegenwart eines Erzengels und durch ihn den allwissenden Geist Gottes erlebt hatte. Dies alles dauerte wahrscheinlich weniger als 60 Sekunden, doch ich schwebte in einer anderen Welt. Ich war mit solch großer Freude erfüllt – einer Freude, die meinem Empfinden nach ewig anhalten und allen Kummer überdauern würde, mit dem ich in diesem Leben konfrontiert werden sollte. So hat mich dieser eine kurze Blick, den ich erhaschen durfte, so weit getragen, und ich hoffe, er wird mich ein Leben lang tragen.

DER AUFSTIEG DER SEELE – ZIEL UNSERES LEBENS

Keiner meiner Lehrer an der Sonntagsschule – und wahrscheinlich auch keiner von Ihren Lehrern – hat jemals erklärt, dass jene biblische Geschichte vom Aufstieg Jesu ein Beispiel für eine Initiation ist, die uns allen offen steht. Wir werden von

Gott und Jesus dazu ordiniert – das wurde mir in jenem Moment klar. Es wurde mir über die Aura von Erzengel Gabriel vermittelt. Dadurch verstand ich die tiefe Bedeutung der Verbundenheit unserer Seele mit Gott. Es ist für mich erstaunlich, wenn ich zurückschaue, dass dies mir als Mitglied des orthodoxen Christentums niemals erklärt wurde. Und ich betrachte die "Christliche Wissenschaft" (Christian Science) durchaus als orthodoxes Christentum, da sie, wie so viele Religionen des Christentums auch, keine fortschrittlichen Offenbarungen erlaubt, die über ihren Begründer, in diesem Fall Mary Baker Eddy, hinausgehen.

Ich wusste es also damals, und ich weiß es jetzt: Der Seelenaufstieg ist das Ziel des Lebens. Daher bereitet es mir solch große Freude, zu Ihnen zu sprechen, das Sprachrohr Gabriels für Sie zu sein und Ihnen mitzuteilen, wie Sie Ihren Seelenaufstieg noch in diesem Leben machen können, wenn Sie möchten. Es gibt einen Weg, eine Disziplin und eine große Liebe, der Sie folgen können, um Ihr Karma auszugleichen und eine Vereinigung mit Gott zu erlangen.

Verlag

»Die Silberschnur«

Postfach 41

D-56590 Horhausen

|||||||||||||||||||||||||||||| SILBERSCHNUR ||||||||||||||||||||||||||||||
www.silberschnur.de · E-Mail: bestellung@silberschnur.de

Brenda Barnaby

The Secret

*Das Geheimnis hinter
dem Geheimnis ...*

184 Seiten, broschiert
€ (D) 17,90
ISBN 978-3-89845-242-7

Einen Blick hinter die Geheimnisse des Weltbest-
sellers "The Secret" wirft die englische Psycholo-
gin und Autorin Brenda Barnaby und liefert damit eine willkommene Ergänzung und Erweite-
rung, die die Erkenntnisse von "The Secret" hin-
terfragt und den tieferen Sinn der Erklärungen
deutlicher macht. Ein seltenes und wertvolles Buch,
das das Leben wahrhaft verändern und geheime
Wünsche realisierbar machen kann.

Ja, ich möchte gerne weitere Informationen erhalten.

Bitte senden Sie mir Informationen

○ per E-Mail *oder* ○ per Post

○ zum Verlagsprogramm

○ zu den Novitäten

○ zu Seminaren

Ihr Interesse wird belohnt!

Unter allen Einsendern verlosen wir monatlich 10 Exemplare unseres Buchtipps des Monats.

Einsendeschluss ist jeweils der 15. des laufenden Monats. Die Gewinner werden schriftlich benachrichtigt, der Rechtsweg ist ausgeschlossen.

Name, Vorname

Telefon   E-Mail

Straße, Hausnummer

Land, PLZ, Ort   Unterschrift

Ich erkläre mich einverstanden, dass der Verlag »Die Silberschnur« und Kooperationspartner meine Daten zu Direktmarketingzwecken verwenden dürfen.

Der Seelenaufstieg erfolgt nicht "automatisch", wie mein Lehrer der "Christlichen Wissenschaft" mir später erzählte. Nein, überhaupt nicht. Es gibt Dinge, durch die wir hindurchmüssen. Wir haben alle eine Bestimmung, wir haben alle unsere Verpflichtungen. Wir haben einen göttlichen Plan und eine innere Blaupause, der wir folgen müssen.

Daher möchte ich Ihnen sagen, dass wir ein Buch über den Seelenaufstieg haben, das "Dossier on the Ascension" ("Dossier über den Seelenaufstieg"). Es wurde Mark Prophet vom Aufgestiegenen Meister Serapis Bey diktiert. Es ist ein praktisches Handbuch über den Weg des Seelenaufstiegs. Es ist ein Leitfaden, jedoch ein sehr tief gehender und fortgeschrittener. Wenn Sie es ernst damit meinen, die Vereinigung mit Gott zu erlangen, so ist dies ein Buch, das Sie lesen und verdauen sollten.

"EINE RIESIGE HIMMLISCHE HEERSCHAR"

Einige Zeit nach dieser Erfahrung hatte ich eine weitere Engelsbegegnung. Diesmal fuhr ich auf dem

Navesink River Wasserski. Als ich an jenem schönen Tag aufs Meer hinausgezogen wurde, transzendierte ich mein körperliches Bewusstsein. Ich spürte, dass ich in eine andere Dimension eingetreten war – ich war mitten im blauen Himmel und in den bauschigen Wolken und sah Gottes Engel – ich wurde getragen. Meine Seele und mein Puls beschleunigten sich.

Nun wusste ich, was der biblische Ausspruch "eine riesige himmlische Heerschar" bedeutete. Ich konnte Seelen von vielen Jahrhunderten sehen, die sich mit mir freuten, dass in diesem Zeitalter jeder von uns die Gelegenheit haben würde, die Einswerdung mit Gott zu erlangen – und das bedeutet, auch jeder von Ihnen. Ich konnte Freunde, Brüder und Schwestern sowie spirituelle Begleiter sehen. Viele davon sollten bald geboren werden. Ich sah, dass ich bei meiner Suche nicht allein war, dass Lichtscharen aus vergangenen Zeitaltern zu mir stießen und mich anspornten. Ich hatte keine Angst. Ich konnte die Bedeutung der Aussage "zwischen zwei Welten" verstehen.

Die Worte des Propheten, den ich in der Sonntagsschule sehr schätzen gelernt hatte, waren die einzige Versicherung, die ich brauchte:

> "Ich kannte dich, ehe denn ich dich im Mutterleibe bereitete, und sonderte dich aus, ehe denn du von der Mutter geboren wurdest, und stellte dich zum Propheten unter die Völker.
> Ich aber sprach: 'Ach Herr, Herr, ich tauge nicht, zu predigen, denn ich bin zu jung.'
> Der Herr sprach aber zu mir: 'Sage nicht: ›Ich bin zu jung‹, sondern du sollst gehen, wohin ich dich sende, und predigen, was ich dich heiße.'"

(Jeremias 1, 5-7)

Dies war die Botschaft des Engels des Herrn, der Jeremias beauftragte, und diese Worte waren in jenem Augenblick in meinem Herzen. Daher dachte ich bei mir: "Ich werde auf meinen Herrn warten, bis er mich in die Details meiner Berufung eingeweiht hat."

1961 berief Gott mich als Botschafterin für die Erzengel und die Aufgestiegenen Meister – erleuchtete spirituelle Wesen, die mit Gott eins geworden sind. Meister El Morya bildete mich aus, und Meister Saint Germain ordinierte und salbte mich, auf dass ich das Wort Gottes in der Tradition der hebräischen Propheten überlieferte. Mark Prophet, der später mein Ehemann wurde und seine Ausbildung zehn Jahre vor mir erhalten hatte, war mein Lehrer aus Fleisch und Blut. Er drillte mich drei Jahre lang tagtäglich in den disziplinären Härten von El Morya und Saint Germain.

Ich betrachte diese sehr persönliche Ausbildung unter den Meistern und Mark als eine der größten Segnungen, die mir je zuteil geworden sind. Ohne diese wäre ich nicht dazu in der Lage gewesen, die Herausforderungen anzugehen, mit welchen ich während meiner gesamten Mission konfrontiert wurde, nämlich, die Worte und Lehren der Engel und Aufgestiegenen Meister den Menschen überall in der Welt zu überbringen. Während meiner Vorträge zitiere ich aus mehr als einhundert Diktaten der Erzengel, die Mark Prophet und ich bei unserer Mission entgegengenommen haben.

BOTSCHAFTER GOTTES

Ich möchte nun allen Ernstes fortfahren, mit Ihnen gemeinsam zu erforschen, wie Sie tagtäglich mit den Engeln in Kontakt treten können, denn diese sind wahrhaftig Ihre Führer, Wächter und Freunde. Bevor ich näher darauf eingehe, wie Sie Ihrem Schutzengel begegnen können, möchte ich Ihnen einige Hintergrundinformationen zu Engeln im Allgemeinen geben. Das Wort "Engel" stammt vom Lateinischen "angelus" und bedeutet "Botschafter".

Jeder Engel, der Sie besucht, kommt als Botschafter, sei es als Botschafter der Liebe, der Freude und des Friedens, oder um eine Lektion, Warnung oder Schutz zu bringen. Engel haben eine Mission. Sie haben Ihnen etwas zu sagen. Daher müssen Sie zuhören. Sie müssen nachdenken, meditieren und für einen Augenblick still sein und

Abb. 6: Erzengel Michael

herausfinden, was dieser Engel an Ihrer Seite Ihnen in diesem Augenblick bringt.

Der Verfasser des Briefes an die Hebräer erklärt uns, dass Gott seine Engel zu Winden machte und seine Diener zu Feuerflammen. Können Sie sich einen Engel vorstellen, der zu Ihnen aus einer Feuerflamme spricht? Gott schöpft Engel aus seiner ureigensten Essenz heraus.

Engel sind die Herolde des Sohnes Gottes, die vor ihm wandeln, um seinen Tag zu verkünden. Sie verehren ihn alle als die Inkarnation Gottes, alle, außer Lucifer und seine Scharen. Sie würden ihre Knie vor dem Sohn Gottes nicht beugen. Stattdessen führten sie Krieg gegen die Gottesfrau und ihr Menschenkind, das Christus, der Herr, war. Daher warf Erzengel Michael sie aus dem Himmel.

Lucifer und seine Anhänger verloren den Krieg, doch sie schworen Christus als dem wahren Selbst jedes Sohnes und jeder Tochter Gottes Feindschaft. Sie wussten, dass Gott in Sie, in Ihr Herz und Ihr Wesen die Essenz des lebendigen Christus gepflanzt hat. Daher haben sie seitdem Krieg geführt. Und so ging die Warnung aus, wie Johannes in seiner Offenbarung schreibt:

"... Weh denen, die auf Erden wohnen und auf dem Meer! Denn der Teufel kommt zu euch hinab und hat einen großen Zorn und weiß, dass er wenig Zeit hat ...

Und der Drache [damit ist Lucifer gemeint] ward zornig über das Weib und ging hin, zu streiten mit den übrigen von ihrem Samen, die da Gottes Gebote halten und haben das Zeugnis Jesu Christi."

(Offenbarung des Johannes 12, 12 und 17)

Im Buch der Offenbarung werden wir also gewarnt, dass Erzengel Michael die rebellischen Engel aus dem Himmel auf die Erde geworfen hat, in Körper, so wie wir sie auch haben. Doch es gibt ein weiteres Kapitel in der Geschichte des großen Aufstandes, das in der Offenbarung 12 nicht erwähnt wird. Es ist Folgendes: Als die guten Engel sahen, dass diese gefallenen Engel zur Erde hinabkamen, um gegen die Kinder Gottes Krieg zu führen, sagten sie: "Wir gehen freiwillig. Wir wollen zur Erde hinabsteigen und menschliche Gestalt annehmen, so dass wir die Menschen über den Betrug durch die gefallenen Engel aufklären und die Kinder vor deren bösem Vorhaben schützen können."

Wer sind die Engel also wirklich? Wer ist der Sohn Gottes? Wer sind Sie? Und welche Beziehungen bestehen jeweils untereinander?

HIMMLISCHE HELFER

Lassen Sie mich beginnen, einige dieser Fragen zu beantworten, indem ich Ihnen aus dem Neuen Testament das erste Kapitel des Briefes an die Hebräer vorlese. Dies ist eine meiner allzeit liebsten Passagen aus der Heiligen Schrift:

> "Nachdem vorzeiten Gott manchmal und mancherleiweise geredet hat zu den Vätern durch die Propheten, hat er am letzten in diesen Tagen zu uns geredet durch den Sohn, welchen er gesetzt hat zum Erben über alles, durch welchen er auch die Welt gemacht hat; welcher, sintemal er ist der Glanz seiner Herrlichkeit und

das Ebenbild seines Wesens und trägt alle Dinge mit seinem kräftigen Wort und hat gemacht die Reinigung unsrer Sünden durch sich selbst, hat er sich gesetzt zu der Rechten der Majestät in der Höhe und ist so viel besser geworden denn die Engel, so viel höher der Name ist, den er vor ihnen ererbt hat.

Denn zu welchem Engel hat er jemals gesagt: 'Du bist mein Sohn, heute habe ich dich gezeugt'? und abermals: 'Ich werde sein Vater sein, und er wird mein Sohn sein'?

Und abermals, da er einführt den Erstgeborenen in die Welt, spricht er: 'Und es sollen ihn alle Engel Gottes anbeten.' Von den Engeln spricht er zwar: 'Gemacht seine Engel zu Winden und seine Diener zu Feuerflammen', aber von dem Sohn: 'Gott, dein Stuhl währt von Ewigkeit zu Ewigkeit; das Zepter deines Reichs ist ein richtiges Zepter.

Du hast geliebt die Gerechtigkeit und gehasst die Ungerechtigkeit; darum hat

dich, o Gott, gesalbt dein Gott mit dem
Öl der Freuden über deine Genossen.'
Und: 'Du, Herr, hast von Anfang die
Erde gegründet, und die Himmel sind
deiner Hände Werk.
Sie werden vergehen, du aber wirst bleiben. Und sie werden alle veralten wie
ein Kleid; Und wie ein Gewand wirst
du sie wandeln, und sie werden sich verwandeln. Du aber bist derselbe, und deine Jahre werden nicht aufhören.'
Zu welchem Engel aber hat er jemals
gesagt: 'Setze dich zu meiner Rechten,
bis ich lege deine Feinde zum Schemel
deiner Füße'?
Sind sie nicht allzumal dienstbare Geister, ausgesandt zum Dienst um derer
Willen, die ererben sollen die Seligkeit?"

(Hebräer 1, 1-14)

Wir stellen also fest, dass Gott, "der seine Engel zu Winden machte und seine Diener zu Feuerflammen", zuerst die Engel erschuf, bevor er uns
erschuf. Die Engel waren die ersten Wesen, die

Gott erschuf. Warum ist das so? Er erschuf die Engel vor uns, da er wusste, dass wir himmlische Helfer brauchen würden. Er plante es so, dass sie bereits vor Ort sein sollten, wenn er uns erschuf, wenn die Zeit gekommen war, seine Söhne und Töchter hervorzubringen. Ja, Gott erschuf die Engel aus seinem eigenen, flammenden Geist. Er machte sie zu verlängerten Armen und Beinen seiner Gegenwart, so dass er jedem von uns durch diese Gefolge von Engeln ganz nahe sein konnte. Ist es nicht ein wundervoller Plan unseres Gottes, sich höchstpersönlich durch seine Engel an unsere Seite zu stellen?

"Sind sie nicht allzumal dienstbare Geister, ausgesandt zum Dienst um derer willen, die ererben sollen die Seligkeit?", fragt der Autor der Hebräer. Doch Gott unterstellte die Herrschaft über die kommende Welt nicht seinen Engeln, sondern dem Sohn Gottes. Was erkennen wir folglich daran? Zuerst wurden die Engel erschaffen, dann der Sohn Gottes. Diese Engel sollten unter ihm dienen. Gott reservierte jene Herrschaft also für seinen Sohn, den lebendigen Christus.

Stellen Sie sich vor, wie jeder einzelne Engel an Ihrer Tür anklopft, angefangen beim Kleinsten bis hin zum Größten, als Kelch, als Gefäß für eine sehr spezielle Gabe oder Gnade, die Gott selbst Ihnen schickt. Es trägt immer die Aufschrift "persönlich", ganz speziell für Sie. Wenn Sie Ihr Herz und Ihre Tür einem Engel öffnen, seien Sie bereit, mit einer heiligen Essenz von Gott erfüllt zu werden. Ihre Formel wurde speziell für Sie entwickelt.

ENGELSCHÖRE

Engel haben viele Ämter und Funktionen, die unter den himmlischen Hierarchien aufgeteilt und von den sieben Erzengeln regiert werden. Man teilt die Engel in neun Chöre ein – Abteilungen oder Klassifizierungen von Engeln je nach Dienst, den sie erweisen. Ich dachte früher immer, dass die Chöre verschiedene Gruppen von Engeln seien, die alle sangen. Ich bin mir zwar sicher, dass sie wirklich alle singen, aber sie leisten auch weit mehr andere wichtige Dienste.

Die Chöre sind nach drei Hierarchien gruppiert. Die erste Hierarchie der Engel besteht aus den Chören der Seraphim, der Cherubim und der Throne. Die zweite Hierarchie besteht aus den Herrschaften, den Gewalten und den Mächten. Die dritte Hierarchie bilden die Fürstentümer, die Erzengel und die Engel.

Jeder Chor oder jede Abteilung hat ein anderes Amt. Diese Ämter werden vom Geisteswissenschaftler Geddes MacGregor beschrieben:

1. Die Seraphim werden gemäß der Beschreibung in der Bibel (Jesaja 6) mit sechs Flügeln, umgeben von Feuerflammen, abgebildet, denn sie sind "feurige Geister". Manchmal tragen sie auch ein Schild, in das folgende Worte eingeprägt sind: "Heilig, heilig, heilig ist der Herr der Zebaoth (...)".
   Dieses Gebet wiederholen sie ohne Ende vor dem Throne Gottes.[i]

2. Die Cherubim werden häufig mit Pfauenaugenfedern mit vielen Augen abgebil-

det, die ihren "allwissenden" Charakter symbolisieren (...).

3. Die Throne werden als Feuerräder dargestellt. Sie sind die Thronträger Gottes und symbolisieren die göttliche Majestät (...).

4. Die Herrschaften (...) tragen Zepter und Schwert, um die göttliche Macht über alle Schöpfung zu symbolisieren.

5. Die Gewalten (...) tragen die Instrumente des Leidens Christi.

6. Die Mächte (...) tragen ein flammendes Schwert, da sie die Beschützer der Menschheit sind.

7. Die Fürstentümer (...) sind die Beschützer der Prinzen und tragen gewöhnlich Schwert, Zepter und Kreuz.

8. Die Erzengel unter Michael.

9. Die Engel, d.h. diejenigen, die keinen der oben genannten Ränge oder Aufträge in der himmlischen Heerschar innehaben.[ii]

Die Erzengel

Thomas von Aquin definiert die Erzengel als die Engel, die den Menschen Gottes feierlichste Botschaften überbringen. Beispielsweise verkündete Erzengel Gabriel Maria die Inkarnation des Heiligen Wortes.

Die Erzengel sind die Oberhäupter (oder Hierarchen) der Engelsscharen. Ihr weibliches Gegenstück wird als "Erzengelin" bezeichnet. Die Erzengel sind die direkte Verlängerung des Wesens Gottes und verkörpern die volle Gegenwart Gottes.

Stellen Sie es sich folgendermaßen vor: Stellen Sie sich die manifestierte Gegenwart des einen Gottes als große Zentralsonne vor. Dies ist die Radnabe des Lichts am Knotenpunkt dessen, was wir unseren "Geist-Materie-Kosmos" nennen. Visualisieren Sie, wie die Strahlenbündel des Sonnenlichts aus dieser Sonne zu Engelsgestalten werden, die zur Erde herabsteigen. Wie der Sonnenstrahl zur Sonne steht, so sind die Engel die Verlängerung der lebendigen Gegenwart Gottes.

Es gibt nur einen Gott, aber viele Manifestationen seiner Engel. Die größten unter ihnen sind die Erzengel und ihre "Erzengelinnen". Stehen Sie daher in der Gegenwart eines Erzengels oder einer Erzengelin, stehen Sie in Wirklichkeit in der Gegenwart Gottes.

Die Erzengel sind die Architekten Gottes. Gott benutzt sie, um die Pläne für seine Projekte zu entwerfen und sie auszuführen. Sie sind kosmische Bauherren im wahrsten Sinne des Wortes. Sie spannen den Bogen von der göttlichen Blaupause für jedes Bestreben hin zu unserem Verstand.

DIE ERZENGEL DER SIEBEN STRAHLEN

Ich möchte über die sieben Erzengel sprechen, die die sieben spirituellen "Strahlen" oder Lichtströme des Gotteshauptes darstellen. Wie ein Lichtstrahl die sieben Farben des Regenbogens hervorbringt, wenn er durch ein Prisma fällt, so manifestiert sich spirituelles Licht als sieben Lichtstrahlen oder Lichtfrequenzen. Jeder Strahl hat eine andere

Farbe, Qualität und Frequenz, die wiederum mit einem anderen Aspekt des Bewusstseins Gottes assoziiert werden.

Jeder Strahl entspricht einem der sieben Hauptenergiezentren oder Chakren in unserem Ätherleib. Es ist wichtig, dass man versteht, dass Gott diese Zentren in uns als Medium eingerichtet hat, damit seine Engel uns eine beschleunigte Lichtmenge zukommen lassen können, ein wachsendes Maß an Licht. Dieses Licht wird uns abhängig davon zuteil, wie wir leben – je nach Reinheit unserer Gedanken und Gefühle, unserer guten Absichten gegenüber unseren Mitmenschen, unserer Liebe zueinander und unserem Gehorsam gegenüber den Geboten Gottes, die dieser über alle großen Weltreligionen mitgeteilt hat.

Ich möchte Ihnen dies anhand dieser Darstellung Ihrer göttlichen Gegenwart erklären. (s. S. 134)

Die sieben Erzengel entsprechen den sieben konzentrischen Kugeln, die diese individuelle Gegenwart Gottes, die Sie in der oberen Gestalt finden, wie Hüllen umgeben. Ihre Dienste entsprechen auch

Abb. 8: Der Mensch und seine Chakren

der Farbe einer dieser sieben Hüllen, die in jedem unserer sieben Chakren vertreten sind.

Ich möchte Ihnen auch eine Nahaufnahme des "Chakra-Menschen" zeigen (s. S. 115), damit Sie sehen können, wie diese Chakren angeordnet sind, und damit Sie diese Chakren bei sich selbst erkennen können. Das Kronenchakra ist gelb. Das Dritte Auge an der Stirn ist grün. Das Kehlchakra, das Kraftzentrum, ist blau. Das Herz ist rosa. Der Solarplexus ist lila und golden. Der Sitz der Seele ist violett, und das Basis-Chakra der Wirbelsäule ist weiß. Das sind die Farben der sieben Strahlen.

Nun werden wir nochmals einen Blick auf die Abbildung werfen. Ich werde über die "Hüllen" des Kausalkörpers" sprechen. Es sind keine wirklichen "Hüllen", es sind eigentlich Lichtkugeln. Das ist die göttliche Monade, die in der Tat über Ihnen steht. Es ist eine Gegenwart Gottes, die für Sie individualisiert wurde, sodass Sie, wenn Sie zu Gott beten, zu ihm nicht irgendwo eine Milliarde Meilen entfernt von ihm beten, sondern zu der Gegenwart Gottes, die immer bei Ihnen ist.

Erzengel Michael und die Erzengelin namens "Glaube" sind die Erzengel des ersten Strahls. Dieser ist blau. Die Qualität, die diese Engel Ihnen bringen, ist der Glaube. Sie können also die blaue Kugel des Kausalkörpers sehen, die äußere Hülle. Die blaue Farbe hat die Schwingung des Schutzes, der Perfektion, des Glaubens, des Willens Gottes und der Gesetze Gottes. Das ist der erste Strahl.

Erzengel Michaels Tag ist der Dienstag. Jeder der Wochentage wird also von einem dieser sieben Erzengel und ihrer jeweiligen Erzengelin vertreten. Wenn wir dies wissen, können wir unsere Meditationen einsetzen, um deren Energie zu beschleunigen und zu konzentrieren.

Der zweite Strahl ist der von Erzengel Jophiel und Erzengelin Christine. Sie konzentrieren sich auf das Kronenchakra. Ihre Hülle ist die gelbe Hülle, ganz dicht beim Zentrum des Kausalkörpers. Ihr Tag ist der Sonntag. Sie bringen uns die Erleuchtung Gottes durch das Kronenchakra.

Erzengel Chamuel und die Erzengelin Caritas vertreten das Herzchakra und die rosafarbene

Hülle des Kausalkörpers, die nach der gelben folgt. Dies ist die dritte Hülle. Wir spüren die Energie dieser Lichtkugel montags am intensivsten.

Der vierte Strahl wird von Erzengel Gabriel und der Erzengelin "Hoffnung" vertreten. Sie regieren den vierten Strahl, den Strahl der Reinheit, und entsprechen dem Basis-Chakra am Ende der Wirbelsäule. Die weiße Hülle ist die erste Hülle, die die Gegenwart Gottes direkt umhüllt. Ihr Tag ist der Freitag.

Erzengel Raphael und Erzengelin Maria, die Mutter Jesu, die Königin der Engel, vertreten das Chakra des Dritten Auges und die sechste Hülle, die grün ist. Die Energie dieser Hülle wird am Mittwoch verstärkt. Sie bringen uns die Heilkraft der Engel und die Kraft des allsehenden Auges Gottes; sie bringen auch die Manifestation sowie die Kraft der Fülle des Lebens.

Der sechste Strahl ist der von Erzengel Uriel und Erzengelin Aurora. Diese vertreten das Chakra des Solarplexus und die Hülle, die lila und golden ist. Es ist die dritte Hülle von außen. Sie wird am Donnerstag verstärkt. Die Qualitäten, die sie verkörpern, haben mit dem Dienen, dem Dienst und der Vermittlung der Gerechtigkeit Gottes zu tun.

Der siebte Strahl ist der von Erzengel Zadkiel und Erzengelin "Heilige Amethyst". Der siebte Strahl ist auf das Chakra "Sitz der Seele" ausgerichtet. Es ist die mittlere Kugel. Ihre Hülle ist violett. Ihr Tag ist der Samstag. Sie verstärken Gnade, Vergebung und Freiheit.

Wenn Sie mit den sieben Erzengeln und deren sieben Strahlen sowie damit vertraut werden, wie diese Ihnen helfen, erkennen Sie, dass jeder Ihnen bei der Entfaltung eines Ihrer sieben Chakren und einer der Hüllen Ihres Kausalkörpers behilflich sein kann.

Indem wir wissen, dass wir in unserem Wesen spirituelle Zentren beherbergen, die uns in Kontakt mit Gott bringen, und indem wir wissen, dass die Gegenwart Gottes über uns ist – sogar der Mittler, der Sohn Gottes, steht mit seiner Gegenwart über uns, wie wir an der Gestalt in der Mitte dieser

Abbildung erkennen – verstehen wir, wie nahe Gott sich selbst tatsächlich bei uns platziert hat. Außerdem können wir wissen, dass Gott, unser Vater und unsere Mutter, uns liebt und möchte, dass wir auf die Ebene zurückkehren, auf der wir uns am Anfang befanden, als wir mit unserer Zwillingsflamme aus der großen Zentralsonne traten.

Ein Gebet an die sieben Erzengel

Ich möchte Ihnen die Gelegenheit geben, Ihren ganz persönlichen Kontakt zu den sieben Erzengeln zu knüpfen, indem wir "An die sieben Erzengel" singen.*

Ich möchte Sie einladen, zu deren Ehre aufzustehen. Ich werde zunächst eine Anrufung machen. Bitte sprechen Sie daraufhin Ihr persönliches Gebet und wenden Sie sich an jeden von ihnen einzeln.

Sie können "An die sieben Erzengel" auch als Gebet sprechen. Als Lied hat es die gleiche Melodie wie die Hymne "Heilig, Heilig, Heilig! Allmächtiger Gott" (Hymnen-Melodie: "Nicea" von John B. Dykes).

Sie werden feststellen, dass ihre Namen in den Versen erscheinen, die ich Ihnen gebe. Sie können zu ihnen sprechen – zu jedem Einzelnen von ihnen.

Anrufung

"Oh ihr sieben geliebten Erzengel und Erzengelinnen, wir rufen euch zu dieser Stunde an und bitten euch um die Beschleunigung unserer Herzen, die Beschleunigung unserer Chakren, die Beschleunigung des Lichtes Gottes in uns. Kommt, seid bei uns, während wir uns versammeln, denn jeder Einzelne von uns strebt auf seine Weise danach, euch sowie durch euch unseren Gott, den Vater und die Mutter, kennen zu lernen. Wir lassen unseren Dank für euren Schutz zu euch strömen und danken euch, dass ihr unsere Lehrer, Tröster und Heiler seid, dafür, dass ihr diejenigen seid, die uns Tag für Tag getragen haben, durch jede Versuchung und jeden Sieg, durch die Bürden und durch die Freuden des Lebens.

Oh Gott, wir treten zu dieser Stunde mit ganz besonderen Gebeten für unsere Lieben und diejenigen, die auf Erden leiden, vor dich. Wir bringen diese Gebete nun vor und wissen, dass du sie hörst und augenblicklich antwortest, sobald unser Ruf erklingt."

(Sprechen Sie an dieser Stelle Ihre persönlichen Gebete.)

To the Seven Archangels

Michael, Michael, Michael
 Prince of the archangels
From the grateful hearts of all
 Do songs of praise arise.
For thy heavenly presence
 All on earth adore thee
God from the Sun
 In all the name implies.

Michael, Michael, Michael
 May the guardian angels

From thy heavenly legions
    Stand forth to set all free.
Purify, illumine
    Manifest the glory
Of light's perfection
    That each one may be.

Jophiel and Chamuel
    Gabriel and Raphael
Uriel and Zadkiel
    And mighty hosts of light.
Cherubim and seraphim
    From the realms of glory
Rend now the veil
    That dims our human sight.

Blessed seven archangels
    For illumination
We invoke thy presence
    In hymns of praise to thee.
Keep us consecrated
    To God's plan fulfilling
In purity
    Thy ministers to be.

An die sieben Erzengel

"Michael, Michael, Michael,
Fürst der Erzengel,
aus den dankbaren Herzen aller
erheben sich Loblieder.
Für deine himmlische Gegenwart
beten dich alle auf Erden an,
Gott der Sonne,
bei allem, was der Name bedeutet.

Michael, Michael, Michael,
mögen die Schutzengel
deiner himmlischen Heerscharen
dafür eintreten, alle zu befreien.
Reinige, erleuchte,
manifestiere den Glanz,
die Perfektion des Lichts,
das jeder werden kann.

Jophiel und Chamuel,
Gabriel und Raphael,
Uriel und Zadkiel
und ihr mächtigen Scharen des Lichts.

Cherubim und Seraphim
aus den Reichen des Glanzes,
lüftet nun den Schleier,
der unsere menschliche Sicht trübt.

Gesegnete sieben Erzengel,
mit der Bitte um Erleuchtung
rufen wir eure Gegenwart
in Lobesliedern für euch an.
Helft, dass wir uns weiterhin
der Erfüllung des Planes Gottes widmen,
um in Reinheit
eure Diener zu sein."

Traditionelle Hymnen waren die Werkzeuge, mit welchen die Christen mit Gott, Jesus Christus und den Engelsscharen in Kontakt getreten sind. Wenn Sie dies singen oder rezitieren, sprechen Sie zu den Erzengeln. Sie hören Sie und antworten Ihnen als Feedback-Strom auf Ihre Hingabe. Wenn Sie ihnen Ihre Hingabe und Dankbarkeit für ihren unfehlbaren Dienst in dieser Welt schenken, öffnen Sie einen Kontaktkanal. Genau darum geht es in der Liebe zu Gott und den Engeln – den

Kanal Ihres Herzens zum Himmel zu öffnen, so dass beim Rückstrom die Antwort auf Ihren Ruf und nie enden wollende Segnungen erfolgen können.

Wandeln und sprechen Sie mit Ihrem persönlichen Engel

Senden Sie also, um Ihrem Schutzengel zu begegnen, Ihre Liebe aus, so dass Sie Ihre Welt für den Eintritt jenes Schutzengels in einer bisher nie gekannten Weise öffnen. Sie können mit Ihrem Engel wandeln und sprechen, genau so, wie es auf dem Gemälde "Tobias und die Engel" von Botticini zu sehen ist.

Auf diesem Gemälde sehen Sie Tobias an der Seite von Raphael wandeln. Wir sehen, wie entspannt der kleine Tobias ist und wie normal er es findet, sich mit dem Erzengel zu unterhalten. Es ist so, als würden Sie an der Hand Ihres Vaters die Straße entlangwandeln.

Auf dem Gemälde sind die beiden von Erzengel Michael und Erzengel Gabriel flankiert. Sie wandeln nahezu wie Menschen einher. Doch auf den zweiten Blick erkennen Sie die Kraft Gottes in diesen Engeln. Sie merken, dass sie weit über das Menschliche hinausgehen. Doch der kleine Tobias fühlt sich in ihrer Anwesenheit so entspannt. In der Geschichte erfahren wir, dass Raphael in Tobias' Leben und das Leben seines Vaters tritt, um eine Reihe von Wundern zu vollbringen.

Es ist also gut, wenn Sie irgendwo zu Fuß unterwegs sind, die Engel herbeizurufen und sie zu bitten, Sie zu begleiten. Visualisieren Sie diese vor Ort und seien Sie glücklich, dass Gott Ihnen Engel schickt.

DIE ENGEL ÜBERMITTELN GOTTES WORTE UND WERKE

Thomas von Aquin definiert die Engel als Beschützer der Menschheit und Botschafter Gottes, die Gespräche von untergeordneter Bedeutung

übermitteln – Gespräche, die weniger bedeutungsvoll sind als die Gespräche, die er uns über seine
Erzengel übermittelt.

Im Laufe meiner Zusammenarbeit mit den Engeln habe ich die Erfahrung gemacht, dass sie unsere Körper pflegen, unseren Geist trösten, unseren Verstand schärfen und unsere Seele heilen. Sie
überbringen uns Gottes Worte und seine Werke,
mit welchen er sich für uns einsetzt. Die Engel des
Heiligen Geistes überbringen Gottes Prophezeiungen und Warnungen, seinen Trost und seine Erleuchtung, seine Ermutigungen und seine spirituellen Ermahnungen.

Sie sollten nicht überrascht sein, dass Engel
manchmal eine menschliche Gestalt annehmen.
Sie sind durch den Geburtsprozess als unsere treues-
ten Freunde und Helfer zur Welt gekommen. Erinnern Sie sich noch daran, dass ich Ihnen von
den guten Engeln erzählt habe? Sie nahmen freiwillig menschliche Gestalt an, denn als sie sahen,
dass die schlechten Engel von Erzengel Michael
aus dem Himmel auf die Erde hinabgeworfen wor-

den waren, wollten sie kommen und sich um uns kümmern. Sie wollten, dass wir wissen, dass sie unsere persönlichen Lehrer und Beschützer sind, die uns vor den gefallenen Engeln warnen.

Wie viele Male haben Sie schon über jemanden, der Ihnen besonders ans Herz gewachsen ist, gesagt: "Ach, er ist ein Engel" oder "Sie ist ein Engel"? Ich selbst habe es schon unzählige Male gesagt. Es sind Menschen, die fast zu gut sind, um hier auf dieser Erde zu sein. Der Autor des Briefes an die Hebräer rief es uns wieder in Erinnerung: "Gastfrei zu sein vergesset nicht; denn dadurch haben etliche ohne ihr Wissen Engel beherbergt." (Hebräer 13, 1). Sie können also nie wissen, wann Sie mit einem leibhaftigen Engel sprechen.

"WER IST DER SOHN GOTTES?"

Nun kommen wir zur Kernfrage: Wer ist der Sohn Gottes? Und in welcher Beziehung steht er zu den Engeln? Wir lesen im Brief an die Hebräer:

"Was ist der Mensch, dass du sein gedenkest, und des Menschen Sohn, dass du auf ihn achtest? Du hast ihn eine kleine Zeit niedriger sein lassen denn die Engel; mit Preis und Ehre hast du ihn gekrönt und hast ihn gesetzt über die Werke deiner Hände;
alles hast du unter seine Füße getan. In dem [sic!], dass er ihm alles hat untergetan, hat er nichts gelassen, das ihm nicht untertan sei; jetzt aber sehen wir noch nicht, dass ihm alles untertan sei. Den aber, der eine kleine Zeit niedriger gewesen ist denn die Engel, Jesus, sehen wir durchs Leiden des Todes gekrönt mit Preis und Ehre, auf dass er von Gottes Gnaden für alle den Tod schmeckte."

Sie sehen: Dadurch, dass Jesus im Fleische geboren wurde, heißt es, er sei "eine kleine Zeit niedriger gewesen denn die Engel". Denn vor der großen Rebellion, als die aufständischen Engel aus dem Himmel gestoßen wurden, waren die Engel niemals in den niedrigen Stand des Fleisches hinabgestiegen. Sie hatten niemals Körper bewohnt, wie wir sie haben. Zu der Zeit also verehrten alle Engel des Himmels den Sohn Gottes. Sie dienten ihm mit all ihren unterschiedlichen Fähigkeiten und Berufungen, die sie von Gott erhalten hatten.

Im Brief an die Hebräer heißt es weiter:
"Denn es ziemte dem, um des willen alle Dinge sind und durch den alle Dinge sind, der da viel Kinder hat zur Herrlichkeit geführt, dass er den Herzog ihrer Seligkeit durch Leiden vollkommen machte."

Dies ist die einzige Stelle im Neuen Testament, an der Jesus den Titel "Herzog unserer Seligkeit" erhält. Ich liebe diesen Titel. Jesus ist der "Herzog unserer Seligkeit".

"Sintemal sie alle von einem kommen, [ein weiterer sehr wichtiger Punkt in dem Brief an die Hebrärer] beide, der da heiligt und die da geheiligt werden. Darum schämt er sich auch nicht, sie 'Brüder' zu heißen." *(Hebräer 2, 6-11)*

In den Augen des Autors des Briefes an die Hebräer macht uns die bloße Tatsache, dass Jesus uns als "Brüder" bezeichnet hat, diesem ebenbürtig. Nun, das lehrt uns die Kirche heute nicht mehr, doch in der Tat steht dies im Brief an die Hebräer. Beide, "der da heiligt" – damit ist Jesus gemeint – und "die da geheiligt werden", d.h. wir, kommen "alle von einem".

Da Jesus die Söhne und Töchter Gottes zu Seinesgleichen erhöht hat, konnte Paulus den Korinthern schreiben: "Wisset ihr nicht, dass wir über die Engel richten werden?"[iii]

Paulus sprach von jenen aufständischen Engeln, die auf Erden kommen würden, und die wir herausfordern müssen, wenn sie versuchen, unsere Kinder vom Weg abzubringen und zu Drogen und anderen Dingen zu verleiten, die sie zerstören.

Als Jesus Christus seine letzte Inkarnation auf Erden erfüllt hatte und zum Thron der Gnade emporgestiegen war, wurde er mit dem Ruhm und der Ehre über alle Engel des Himmels gekrönt. Und nochmals: Da Jesus, der Herzog unserer Seligkeit, beschlossen hat, jeden von uns seiner ebenbürtig zu machen, werden auch wir, wenn wir unsere letzte Inkarnation erfüllt haben, in den Himmel aufsteigen. Dies ist also das tiefe Geheimnis des Briefes an die Hebräer. Die Religionswissenschaftler streiten 2.000 Jahre später immer noch darum, wer das Buch geschrieben hat. Ich denke, es enthält die tiefste Weisheit unseres Herrn.

Unsere Beziehung zum Sohn Gottes – grafische Darstellung unseres göttlichen Selbst

Ich möchte Ihnen nun das Mysterium unserer Beziehung zum Sohn Gottes und den Engeln erklären, wie es in der Abbildung Ihres göttlichen Selbst dargestellt ist. Die Abbildung zeigt drei Gestalten. Sie selbst werden in der untersten Gestalt abgebildet. Das Bild zeigt Sie, wie Sie von der Flamme des Heiligen Geistes, der violetten Flamme, eingehüllt werden. Die violette Flamme ist Gottes Geschenk an uns, um unsere Übertretungen zu löschen. Wir benutzen das Wort "verwandeln", um

Abb. 8: Darstellung unseres göttlichen Selbst

diesen Prozess zu beschreiben. Die violette Flamme verwandelt unsere Fehler, unsere Sünden. Wir sind also in der Darstellung die untere Gestalt, die von der violetten Flamme eingehüllt ist.

Der Apostel Johannes schrieb: "Wir sind nun Gottes Kinder."[iv) Jesus erkennt uns also als Söhne und Töchter Gottes an. Der Sohn Gottes ist der eine, universelle Christus. Doch das große Mysterium des Letzten Abendmahls und der Heiligen Kommunion besteht darin, dass Jesus Christus den einen Leib Brot nahm, der seinen Körper symbolisieren sollte, das Brot brach und jedem von uns ein Stück von jenem Brot gab. Das große Geheimnis, das er seinen Schülern enthüllte, als er sagte: "Dies ist mein Leib, der für euch gegeben ist", ist so zu verstehen, dass der eine universelle Christus, der Sohn Gottes, der Eingeborene Sohn des Vaters, der eine Christus und der eine Herr ist.

Ihr heiliges Christusselbst

Gott hat jedem von uns jene Gegenwart Christi in uns geschenkt. Manchmal nennen wir jene Gegenwart, die wir anerkennen und von der wir spüren, dass sie sich genau über uns befindet, "unser Höheres Selbst". Vielleicht nennen Sie es Ihr "wahres Selbst" oder Ihr "Höheres Bewusstsein".

Mit der mittleren Gestalt in der Abbildung ist also der "Mittler" abgebildet, Christus der Herr. Er vermittelt zwischen uns, die wir uns im Zustand der Sünde befinden, und Gott, über den Habakuk schrieb: "Deine Augen sind rein, dass du Übles nicht sehen magst."iv) Daher ist Christus der Mittler. Er allein kann vor den Thron Gottes treten. Er allein kann direkt in unseren Tempel herabsteigen und uns beraten.

Jesus kam also, um uns sein Christusselbst zu zeigen und zu erklären, wie eben dieser Christus (es gibt nur einen Christus) für jeden von uns manifest werden und dennoch ein einziger Christus bleiben kann. Einmal eins bleibt immer noch eins.

Wenn die Christusgegenwart bei mir und auch bei Ihnen und jedem im Raum ist, wie viele Christi gibt es dann? Nur einen, doch er hat sich für jeden von uns personifiziert. Das ist die Beziehung, die wir zum Sohn Gottes haben.

Diese Christusgegenwart ist wie die Christusgegenwart Jesu. Daher wird sie auf der Abbildung über uns dargestellt, da wir unsere Tempel noch nicht so weit vorbereitet haben, um jenen Christus ganz zu verkörpern. Doch es gibt Augenblicke, Tage und Stunden in unserem Leben, in denen wir uns durch Gebete, das Abendmahl und intensive Liebe für andere Menschen, die durch uns fließt, ganz subtil von dieser Gegenwart berührt fühlen.

Diese Christusgegenwart kommt uns in jenen Augenblicken so nahe, dass sie uns "überschattet", und wir die Erfüllung des Versprechens Jesu spüren: "Wer mich liebt, wird mein Wort halten – und mein Vater wird ihn lieben, und er wird zu ihm kommen, und wir werden bei ihm wohnen." Mit anderen Worten: "Wir werden in deinem Tempel leben. Wir werden durch dich sprechen, gehen, leben." Dies ist also das Ziel unseres "Spaziergangs" mit Gott in diesem Leben.

Unsere Beziehung zu Jesus Christus wird durch die Christusgegenwart über uns sehr persönlich. Diese Christusgegenwart ist Ihr heiliges Christusselbst. So bezeichnen wir die Gestalt in der Mitte.

IHRE ICH BIN-GEGENWART

Die ICH BIN-Gegenwart, die oberste Gestalt in der Abbildung, ist schließlich die Gottesgegenwart, die für uns individuell gemacht wurde. Genau so ist es. Gott hat mit der ICH BIN-Gegenwart ein Ebenbild seiner selbst eingesetzt. Aus diesem Grunde können wir auch das Lied "I'll walk with God" ("Ich werde mit Gott wandeln") singen, weil Gott in eben jener uns gegebenen Gegenwart bei uns ist, während wir durch diese Welt wandeln. Es gibt nur einen Gott, nicht viele Götter.

"Höre, Israel, der Herr, unser Gott, ist ein einiger Herr."[vi] Doch dieser eine Gott hat Sie und mich so geliebt, dass er uns nicht allein lassen wird. Daher hat er diese großartige Gegenwart seiner selbst über uns gestellt. Es ist die gleiche Gegenwart, die Gott Moses offenbart hat, der ICH BIN DER ICH BIN. Wir nennen sie die "ICH BIN-Gegenwart".

Wie viele Götter gibt es? Wie viele "ICH BIN-Gegenwarten"? Auch wenn jeder von uns eine hat, ist es immer noch nur eine. Zeit und Raum lassen uns die Dualität und Getrenntheit sehen. Doch es gibt nur einen personifizierten Gott für jeden von uns.

Unsere Beziehung zur Engelshierarchie besteht durch den Sohn Gottes – den Sohn Gottes nicht nur als Jesus Christus, sondern als das Christusselbst, das durch jeden von uns personifiziert wird. Durch diesen Sohn, in dessen Hände Gott die Herrschaft über alle Welten gelegt hat, haben wir Kontakt zu den Engeln, haben wir Kontakt zur ICH BIN-Gegenwart.

Ihr Hauptschutzengel

Ihr Schutzengel kennt Sie bereits. Er oder sie kennt Sie besser als jeder andere im Universum. Daher ist er bzw. sie Ihr Führer, Ihr Beschützer und Ihr Freund. Ich bin hier, um Ihnen zu erklären, dass Ihr Hauptschutzengel kein anderer ist als – Ihr heiliges Christusselbst.

Wie kamen wir dazu, unser heiliges Christusselbst als unseren Schutzengel zu bezeichnen? Weil uns in all den 2.000 Jahren seit dem Erscheinen Jesu Christi niemand erklärt hat, dass jeder von uns eine Christusgegenwart hat. Dies ist nämlich nicht die vorherrschende Meinung. Daher kam es dazu, dass Menschen die Gegenwart des Christusselbst, jenen Freund, jenen Wächter, jenen Führer, als ihren persönlichen Engel anerkannten – und in der Tat ist das heilige Christusselbst Ihr persönlicher Engel.

Ihr heiliges Christusselbst ist Ihr Hauptschutzengel, der all die anderen Schutzengel lenkt, die die sieben Erzengel Ihnen von Zeit zu Zeit schicken. Sie haben nicht nur einen Schutzengel, sondern viele. Vielleicht haben Sie sogar Dutzende, die sehr glücklich sind, auf Ihre Gebete antworten und Ihren Lieben helfen zu dürfen.

Es hängt davon ab, wie viel Hingabe und Liebe Sie ihnen schenken, und wie oft Sie sie bitten, hierhin und dorthin zu gehen und diesem und jenem zu helfen. Wenn Sie ihnen Aufgaben zuteilen, werden diese Engel losziehen und diese für Sie erfüllen. Ihr Hauptschutzengel, jene besagte Christusgegenwart, ist für diese Engel verantwortlich. Sie werden nun allmählich eine Vorstellung davon bekommen, wie viele Engel an Ihrem Leben beteiligt sein könnten.

IHR WAHRES SELBST

Ihr Christusselbst ist Ihr wahres Selbst. Bitte denken Sie nicht, dass ich den Begriff "heiliges Christusselbst" nur als christlichen Begriff benutze. Jeremias prophezeite ebenfalls die Ankunft dieses Engels, die Ankunft Ihres wahren Selbst. Er nannte ihn "Herrn unserer Rechtschaffenheit".

141

Was bedeutet dieser Begriff nun? Er bedeutet, dass jene Christusgegenwart, Ihr Schutzengel, Ihnen die korrekte Anwendung des Gesetzes beibringen wird, denn "Rechtschaffenheit" bedeutet die richtige Anwendung der Gesetze Gottes. Wir müssen über die Gesetze Gottes unterrichtet sein, um sicher zu gehen, dass alles, was wir von unseren Engeln erbitten, rechtmäßig ist.

Es gibt andere Bezeichnungen für dieses wahre Selbst – das höhere Selbst, das höhere Bewusstsein, das Christusbewusstsein. "Christus" kommt vom griechischen Wort "Christos" und bedeutet "der Gesalbte". Die Christusgegenwart ist also der, der mit dem Licht Gottes gesalbt ist. Wir haben Zugang zu diesem Licht, wenn wir in den Fußstapfen Christi wandeln.

Ihr Christusselbst ist folglich Ihr wahres Selbst. Es ist der, der Sie am Anfang waren, als Gott Sie und Ihre Zwillingsflamme aus seinem weißen Feuerkörper, dem ursprünglichen Kausalkörper, dem Körper der ersten Causa, erschuf.

In der großen Zentralsonne ist ein Kausalkörper. Außerdem gibt es eine individuelle Kopie davon, die über uns schwebt und unsere ICH BIN-Gegenwart umgibt. Dieser Kausalkörper in der Darstellung Ihres göttlichen Selbst zeigt Ihnen, dass es sich hierbei um das gleiche Muster handelt, wie bei der großen Kugel der Zentralsonne, aus der wir alle stammen.

Nach und nach, nachdem wir über Äonen hinweg die Perfektion in diesem großen Kausalkörper Gottes erfahren haben, beschlossen Sie und ich durch die Ausübung unseres freien Willens, diese Perfektion zu verlassen und die dichteren Sphären des materiellen Universums zu erforschen. Da passierte es uns, dass wir nicht mehr herausfinden konnten, wie wir wieder zurückkommen sollten. Daher hat Gott durch die Jahrhunderte hindurch immer wieder Avatare geschickt, um uns zu befreien und uns den Weg nach Hause zu zeigen.

Mit dieser Abkehr-Episode begannen Sie und Ihre Zwillingsflamme, Karma anzuhäufen, insbesondere negatives Karma. Das Gesetz des Karmas verursachte sodann, dass Sie an die Reiche der Nicht-Perfektion gefesselt sind, in welchen Sie sich jenes Karma aufluden. Deshalb sind wir hier. Deshalb haben wir ein Teilwissen darüber, wer wir sind und wo wir hergekommen sind. Aus diesem Grund hat Gott uns seine Engel geschickt, um uns zu ermahnen und unsere alten Erinnerungen daran, wer wir sind und woher wir kamen, zu beschleunigen.

Jetzt sind wir also nicht perfekt, und jetzt blicken wir durch trübes Glas. Wir tragen sterbliche Körper anstelle der unsterblichen Körper von einst. Wir sind nicht im persönlichen Kontakt mit unserem Gott. Wir sind in so vielerlei Hinsicht menschlich, doch wir sind auch göttlich. Es ist die Göttlichkeit in uns – die Gott von Angesicht zu Angesicht erblickt.

Wer oder was ist die Essenz unserer Göttlichkeit? Es ist unser geliebtes heiliges Christusselbst, das Gott sieht, unsere mächtige ICH BIN-Gegenwart. Unser Christusselbst reflektiert jenes göttliche Spiegelbild und wirft es auf unsere Seelen zurück, so dass wir tagtäglich dieses Ebenbild und die Ähnlichkeit zu Gott, in der wir ursprünglich erschaffen sind, erneut anstreben.

DAS ANGESICHT DES VATERS SCHAUEN

Matthäus 18, Vers 10 und 11 beinhalten Jesu Lehren über die Engel, die das Gesicht Gottes sehen. Dort heißt es:

> "Sehet zu, dass ihr nicht jemand von diesen Kleinen verachtet. Denn ich sage euch: Ihre Engel im Himmel sehen allezeit das Angesicht meines Vaters im Himmel.
> Denn des Menschen Sohn ist gekommen, selig zu machen, das verloren ist."

Der Schutzengel eines jeden Kindes – ja, das heilige Christusselbst – bleibt mit seinem Blick auf Gott, den Vater und die Mutter, ausgerichtet, der in der Abbildung als ICH BIN-Gegenwart abgebildet ist.

Jesu Verwendung des Begriffes "Engel" ist in Vers 11 definiert. Er sagt: "Denn des Menschen

Sohn ist gekommen, selig zu machen, das verloren ist." Das ist die deutlichste Stelle in der Bibel, wo Jesus uns enthüllt, dass der Menschensohn in jedem von uns steckt, und dass dieser Menschensohn, die Christusgegenwart, gekommen ist, um unsere Seelen zu retten, die sich verirrt haben.

Dies ist also unser Christusselbst – oder das, was als "Schutzengel" bekannt geworden ist, da die Kirchenväter und diejenigen, welche die Heilige Schrift immer wieder abgeschrieben haben, es nicht zuließen, dass diese die Bestätigung enthielt, dass die Christusgegenwart in jedem von uns sitzt.

Die Schreiber und Herausgeber des Neuen Testaments benutzten den Begriff "Menschensohn" ausschließlich für Jesus, obgleich er im Alten Testament für die Propheten benutzt wird. Doch wissen Sie, wovon Jesus spricht, wenn er sagt "der Menschensohn"? Er spricht über den Sohn der "Manifestation", den Sohn, der die Manifestation der ICH BIN-Gegenwart ist. Nochmals: Die mittlere Gestalt in der Abbildung kommt aus Gott als dessen manifestierte Gegenwart, mit der wir wandeln und uns unterhalten können.

Wie Jesus die Vorstellung vom Menschensohn seinem engsten Kreis von Jüngern lehrte, so ist dieser niemand anders als die Christusgegenwart jedes Einzelnen von uns – eines jeden Mannes, einer jeden Frau oder eines jeden Kindes. Jedes Mal, wenn man sich in der Heiligen Schrift deutlich auf den Menschensohn bezieht, ist damit eigentlich das Heilige Christusselbst gemeint.

Dies ist der Menschensohn, der stets das Angesicht Gottes, des Vaters und der Mutter, erblickt. Dies ist auch der Menschensohn, der von Gott ausgezogen und hinabgestiegen ist, um die Seele zu retten, die verloren war, weil sie aus der Mitte von Gottes Wesen weggewandert war.

Wie finden wir also zurück zu Gott? Indem Sie Gott Ihre Hingabe entgegenbringen, gelingt es Ihnen, Ihre Seele mit Ihrem wahren Selbst zu verbinden. Auf diese Weise werden Sie in Ihren ursprünglichen Stand zurückversetzt, so, wie Gott Sie erschuf.

Wie viele von uns möchten zurück dorthin, wo wir waren, als Gott uns erschaffen hat? Ist es nicht wundervoll, dass wir die Erinnerung besitzen, dass wir die Sehnsucht besitzen, dass wir wissen, dass es möglich ist? Über all dies verfügen Sie von Geburt an. Ich musste Ihnen heute Abend nicht all diese Dinge erzählen. Ich gleite nur einfach mit Ihren geistigen Fingern über die Tasten der Melodie eines alten Songs, den Sie auf dem Klavier zu spielen pflegten, und vielleicht hatten Sie ja einige der Noten vergessen.

Doch wir wissen eines in unserem Herzen: Irgendwie tragen wir die Erinnerung an goldene Städte des Lichts in uns, an himmlische Oktaven, an Orte, die schön und fortschrittlich entwickelt sind, wo Menschen keinen Krieg mehr führen, keinen Kummer oder keine Last mit der Wirtschaft oder so vielen Dingen mehr kennen, mit welchen wir konfrontiert sind.

Ein Gebet an Ihren Hauptschutzengel

Lassen Sie uns ein Gebet an unseren Hauptschutzengel sprechen. Lernen Sie ihn nun kennen und seien Sie im Frieden. Dies ist der "Introitus an das heilige Christusselbst". Ein Introitus ist ein Ruf, ein Gebet. Es ist ein Gefährt, das Sie benutzen können, um Ihre Hingabe an Gott und seine Schutzengel auszudrücken. Die Worte sind eine Art Auffangbecken, in das Sie Ihre Liebe fließen lassen können. Lassen Sie sich durch die Worte zur Wiederherstellung Ihres Bewusstseins in Gott, so wie Sie es anfangs hatten, hinleiten.

Introit to the Holy Christ Self

1. Holy Christ Self above me
Thou balance of my soul
Let thy blessed radiance
Descend and make me Whole.

Refrain:
Thy Flame within me ever blazes
Thy Peace about me ever raises

Thy Love protects and holds me
Thy dazzling Light enfolds me.
I AM thy threefold radiance
I AM thy living Presence
Expanding, expanding, expanding now.

2. Holy Christ Flame within me
Come, expand thy triune Light
Flood my being with the essence
Of the pink, blue, gold and white.
(Repeat the refrain.)

3. Holy lifeline to my Presence
Friend and brother ever dear
Let me keep thy holy vigil
Be thyself in action here.
(Repeat the refrain.)

Introitus an das Heilige Christusselbst

1. Heiliges Christusselbst über mir,
du Ausgleich meiner Seele,

lass' deine gesegneten Strahlen
auf mich herabkommen und mich ganz machen.

Refrain:
Deine Flamme brennt auf ewig in mir,
dein Frieden erhebt sich um mich herum,
deine Liebe schützt und hält mich,
dein gleißendes Licht hüllt mich ein.
ICH BIN dein dreifältiges Strahlen,
ICH BIN deine lebendige Gegenwart,
die sich jetzt ausdehnt, ausdehnt, ausdehnt.

2. Heilige Christusflamme in mir,
komm', entfalte dein dreieiniges Licht,
durchflute mein Sein mit der Essenz
des rosafarbenen, blauen, goldenen und weißen
Lichts.
(Wiederholen Sie den Refrain.)

3. Heilige Lebensader zu meiner Gegenwart,
allerliebster Freund und Bruder,
lass' mich deine heilige Wache halten,
sei hier selbst aktiv.
(Wiederholen Sie den Refrain.)

Mit diesem Andachtsgebet haben Sie begonnen, sich wieder mit all der göttlichen Liebe zu verbinden, die Sie aus Ihrer ursprünglichen Beziehung zu Gott und Ihrer Zwillingsflamme kennen. Ihr heiliges Christusselbst als Ihr Hauptschutzengel ist nicht nur Mittler der Vereinigung Ihrer Seele mit Gott, sondern auch der Mittler der Vereinigung Ihrer Seele mit Ihrer Zwillingsflamme. Sie können diesen Introitus auch benutzen, um Ihre Liebe zu Chamuel und Caritas zu lenken, dem Erzengel und der Erzengelin des dritten Strahls, da sie die Hüter des Herzens, des Herzchakras und der dreifaltigen Flamme sind.

BRAUT EINES ENGELS

Einige frühe Christen, die unter der Bezeichnung "Gnostiker" bekannt sind, hatten einen einzigartigen Glauben, was die Engel betrifft. Die Gnostiker waren Mitglieder frühchristlicher Sekten, die glaubten, die geheimen bzw. mystischen Lehren Jesu zu besitzen – und ich persönlich glaube auch, dass dem so war. Ein Gnostiker war eine Person, die glaubte, dass dieses Spezialwissen der Weg zur Erlösung war. In einigen gnostischen Schriften heißt es, dass das spirituelle Gegenstück zu einem Gnostiker ein Engel ist – das spirituelle Gegenstück zu uns ist ein Engel. Mit anderen Worten, sie bezeichneten das heilige Christusselbst ebenfalls als Engel. Dieser Engel ist Ihr Schutzengel, wie ich bereits feststellte.

Ziel des Gnostikers ist es, die Braut seines Engels zu werden. Der gnostische Lehrer Heracleon nennt dieses Engelsgegenstück den "Ehemann" des Gnostikers.

Die Geisteswissenschaftlerin Elaine Pagels sagt, dass laut den gnostischen Schriften die Auserwählten die Pflicht haben, "sich darauf vorzubereiten", den göttlichen Bräutigam "zu empfangen". Heracleon sagt, dass die Auserwählten dazu berufen sind, "mit ihm [dem Bräutigam] durch den Heiland in Macht, Einheit und Verbundenheit" in einer Hochzeit, vergleichbar mit der zu Kanaan, verheiratet zu werden ...

Wie der Heiland in Kanaan Wasser in Wein verwandelt hat, so soll der Mensch [der seinen göttlichen Bräutigam bekommen soll] ins Göttliche verwandelt werden ...

Der Teilnehmer soll zu dem werden, der "er [der Heiland] ist"[vii)]

Was wir daran - selbst bei der mystischen katholischen Tradition - ablesen, ist, dass die Seele versucht, die Braut Christi zu werden. Doch diese Vorstellung bedeutet, selbst die Braut Jesu Christi zu werden. Sogar Nicht-Katholiken wie Aimee Semple McPherson glaubten daran. Diese veröffentlichte ein Magazin mit dem Titel "Brautruf". Es war immer eine Situation des Wartens darauf, dass der Bräutigam kommt und die Seele zur Frau nimmt. Dies war also seit zweitausend Jahren im christlichen Denken verankert. In anderen Traditionen wird diese Verbindung als "alchemistische Hochzeit" bezeichnet, wo die Seele eins wird mit Christus.

Nun, die Wahrheit ist, dass unsere Seele den Wunsch hat, mit unserem Christusselbst vermählt oder verbunden zu werden, denn dies ist, wer wir wirklich sind. Das ist unser wahres Selbst. Wir erreichen diese Verbindung durch Liebe unter allen nur möglichen Umständen, ohne uns irgendeiner Versuchung durch Wut usw. hinzugeben. Wir praktizieren die Gegenwart Christi. Wir wandeln in seinen Fußspuren. Wir benutzen "Das Buch von der Nachfolge Christi" von Thomas à Kempis. Außerdem streben wir täglich danach, wieder mit unserem Herrn verbunden zu sein. Wir waren am Anfang mit ihm verbunden, doch wir ließen los. Wir versanken so tief in der Sünde, dass wir diese Verbindung verloren. Es ist, als hätte sich dieser Bräutigam von uns scheiden lassen, weil wir nicht mehr die reine Schwingung der göttlichen Liebe hatten.

Die Gnostiker schrieben der Seele, die im menschlichen Körper wohnt, die weibliche Geschlechtsform zu. Sie sprachen von der Seele als "sie". Dem Engel, oder heiligen Christusselbst, wiesen sie die männliche Geschlechtsform zu.

Ein Gebet an das Selbst
der Christusflamme

Ich möchte Ihnen nun eine Anrufung an unseren Schutzengel anbieten, "heilige Christusflamme". Dies ist ein direktes Gebet an Ihren Schutzengel und an die Flamme Ihres Schutzengels, die die "heilige Christusflamme" genannt wird. Dies ist ein sehr persönliches Gebet und ein sehr persönlicher Moment. Der erste Vers ist unser Gebet an unseren Schutzengel, der zweite Vers ist die Antwort des Schutzengels an uns.

Holy Christ Flame

Thou Holy Christ Flame within my heart,
  Help me to manifest all thou art.
Teach me to see thyself in all,
  Help me to show men how to call
All of thy glory from the Sun
  Til earth's great victory is won.
I AM we love thee, thou art our all!
  I AM we love thee, hear our call!

I hear thy call, my children dear.
  I AM thy heart, so never fear.
I AM your mind, your body, too.
  I AM in every cell of you.
I AM thy earth and sea and sky
  And not one soul shall I pass by.
I AM in thee, thou art in me,
  I AM, I AM thy victory.

Heilige Christusflamme

Du heilige Christusflamme in meinem Herzen,
hilf mir, alles zu verkörpern, was du bist.
Lehre mich, dich in allem zu erkennen,
hilf mir, den Menschen zu zeigen, wie man
all deinen Ruhm von der Sonne abruft,
bis der große Sieg der Menschheit gewonnen ist.
ICH BIN – wir lieben dich, du bist unser ein
und alles!
ICH BIN – wir lieben dich, höre unseren Ruf!

Ich höre euren Ruf, meine lieben Kinder.
ICH BIN euer Herz, also fürchtet euch niemals.

ICH BIN euer Geist und auch euer Körper.
ICH BIN in jeder Zelle von euch.
ICH BIN eure Erde, euer Meer und euer Himmel
und an keiner Seele werde ich vorübergehen.
ICH BIN in euch, ihr seid in mir, ICH BIN,
ICH BIN euer Sieg.

So lauten die beruhigenden Worte, die Ihr Schutzengel stets zu Ihnen sprechen wird, wenn Sie ein aufmerksames Ohr und Herz entwickeln, die Stimmen der Welt ausblenden und die Stimme Ihres heiligen Christusselbst erkennen können. Sie können diese Worte lesen und wissen, dass dies der Trost ist, den man Ihnen ausspricht. Wenn Sie dieses Gebet sprechen, reden Sie mit Ihrem Schutzengel – Sie erneuern die Bindung. Es ist so wichtig, dies jeden Augenblick bzw. jede Stunde des Tages zu machen. Dies muss nicht förmlich geschehen. Halten Sie einfach die Kommunikationskanäle offen und Sie werden sehen, wie Sie mit jedem Tag eine höhere Empfänglichkeit für diese Gegenwart entwickeln, die stets bei Ihnen ist.

HOCHGESCHÄTZTES EINSSEIN

Ich erhielt einen Brief von einer Frau, die mir von einer hochgeschätzten Erfahrung des Einsseins mit ihrem heiligen Christusselbst berichtete. Sie schrieb:

"Als ich 38 Jahre alt war, machte ich eine unglaubliche Erfahrung. Ich saß in meinem Wohnzimmer und kümmerte mich um unseren jüngsten Neuankömmling, als plötzlich ein kraftvoll erhebendes, strahlendes Licht meine äußere Wahrnehmung immer stärker erfüllte. Es blieb mehrere Tage lang da. Ich lobte und dankte Gott und bat ihn, diesen wundervollen Segen besser verstehen zu dürfen.

Nachdem dies mehrere Tage lang anhielt, erkannte ich plötzlich, dass die Schwingung dieses Lichts das Licht des Christusbewusstseins war, das in mein Wesen drang. Ich rief mein Christusselbst an, und es wurde stärker. Ich wusste, dass ich nun klarer sehen und spüren konnte, was die Christusflamme wirklich war, und wie ich sie von Minute zu Minute besser anrufen und entfachen konnte. Sie wurde für mich auf viel tiefere Weise real. Vor diesem Moment hatte ich die Hülle meines Christusselbst nicht bewusst erfahren und wusste nicht, wie sich das anfühlen konnte. Nun konzentrierte ich mich beinahe jeden Augenblick, in dem ich wach war, darauf, den lebendigen Christus in mir zu bestätigen und mein geliebtes Christusselbst anzurufen und zu entfachen ...

Ich weiß, dass ich viele Schritte gehen muss, um diese göttliche Erfahrung des Einsseins mit meinem heiligen Christusselbst zu verankern ...

Ich wollte diese Beziehung, die meiner Meinung nach (...) viele Mystiker des christlichen Glaubenssystems mit Jesus hatten. Nun öffnet sich eine Tür, und ich kann eine echte Möglichkeit in meinem Herzen sehen!"

"EINE STIMME, DIE ICH NIEMALS VERGESSEN WERDE"

Eine andere Frau erzählte von einer Erfahrung, die sie mit ihrem Schutzengel und Erzengel Michael gemacht hat:

"Ich war etwa zehn oder elf Jahre alt. Es war ein heißer Sommertag. Mein Vater hatte soeben meine Schwester und mich von unserem Sommerferienlager abgeholt, und wir waren auf dem Heimweg. Ich war erschöpft und schläfrig – so schläfrig, dass ich dachte, es wäre herrlich, meinen Kopf gegen die Autotüre zu lehnen und einzuschlafen. Als ich das gerade tun wollte, ereignete sich etwas Merkwürdiges, jedoch sehr Schönes.

Ich hörte eine Stimme. Ich werde diese Stimme nie vergessen. Es war eine Frauenstimme – fest und doch sanft, befehlend und dennoch beruhigend.

Die Stimme sprach zu mir und sagte: 'Nein, lehne deinen Kopf nicht an. Warte, bis du daheim bist.'

Ich kann nicht mit Worten beschreiben, wie schön diese Stimme bzw. wie tief die Fürsorge dieses Wesens war, die es mir entgegenbrachte. So ist die Liebe eines Engels. Ich gehorchte ihrem Befehl umgehend und streckte mich, um eine geradere Körperhaltung einzunehmen.

Kurz danach – Sekunden oder Minuten später – fuhr unserem Auto ein anderer Wagen in die Seite. Die Seite, auf der ich saß, war völlig nach innen gedrückt. Wenn ich meinen Kopf angelehnt hätte, wie ich es eigentlich vorgehabt hatte, hätte ich womöglich schwere Kopfverletzungen erlitten und wäre vielleicht sogar gestorben. Mein Dank gilt Gott und Erzengel Michael für das wunderbare Einschreiten und für die Hingabe der Engel des Lichts!"

DIE ROLLE DER SCHUTZENGEL IN DEN WELTRELIGIONEN

Was lehren die Weltreligionen über die Schutzengel? Sie lehren uns, dass Gott jedem von uns einen Schutzengel zuweist. Sie sagen, die Aufgabe dieses Schutzengels bestünde darin, unser ganzes Leben lang über uns zu wachen und sich um uns zu kümmern. Die Hebräer und einige frühe Christen lehrten, dass sogar Nationen ihren eigenen Schutzengel hätten. Diese Engel, so glaubten sie, würden die Nation bewachen und für diese eintreten, wenn ihr göttliche Strafe drohte.

Der Islam lehrt, dass jeder Mensch vier Schutzengel hat, die ihn gegen böse Kräfte schützen. Zwei Engel bewachen eine Person tagsüber und zwei nachts. Laut der islamischen Lehre zeichnet der Schutzengel, der einem Menschen zur Rechten steht, sofort dessen gute Werke auf. Der Engel zur Linken schreibt dessen böse Taten einige Stunden, nachdem er sie begangen hat, auf, und gibt ihm somit zunächst einige Zeit lang Gelegenheit, es zu bereuen.

Die katholische Kirche lehrt, dass jeder Gläubige einen persönlichen Schutzengel hat. Sie glauben, dass Ihr Schutzengel Ihnen bei all Ihren Belangen zur Seite steht – seien diese irdischer, körperlicher oder spiritueller Natur – da diese zu Ihrer Erlösung gehören.

Die katholische Tradition erklärt die Doppelrolle der Schutzengel, die sie diesen zuweist: Erstens schützen und leiten sie den Menschen. Wie der Heilige Basilius sagte: "Moses lehrte u.a., dass jeder Gläubige einen Engel hat, der ihn wie ein Lehrer und Hirte führt."[viii]

Zweitens handeln Engel durch Einschreiten. Die Katholiken sind aufgerufen, die Engel zu bitten, für sie zu beten und sie zu beschützen. Wurden Sie katholisch erzogen, so erinnern Sie sich vielleicht an folgendes Gebet: "Engel Gottes, mein lieber Beschützer, dem die Liebe Gottes mich hier anvertraut, sei heute den ganzen Tag an meiner Seite, um mich zu erleuchten und zu beschützen, zu lenken und zu führen. Amen."

164

Die Kirche feiert das Fest – oder die religiöse Feier – des Schutzengels am 2. Oktober. Der Heilige Bernhard forderte die Christen auf, ihre Schutzengel zu verehren "und stets daran zu denken, dass ihr euch in der Gegenwart eures Schutzengels befindet."

Er sagte:

"Wenn wir unseren Schutzengel wahrhaftig lieben, können wir nicht anders als grenzenloses Vertrauen in sein machtvolles Eingreifen mit Gott sowie festen Glauben an seine Bereitwilligkeit zu haben, uns zu helfen. Dadurch werden wir inspiriert werden, seine Hilfe und seinen Schutz oft anzurufen, insbesondere in Zeiten der Verführung und Versuchung. Wir werden dadurch auch bereit, angesichts der vielen Probleme, mit welchen wir in großen sowie kleinen Dingen konfrontiert werden, um seinen Rat zu bitten. Viele der Heiligen machten es sich zur Praxis, niemals etwas zu unternehmen, ohne vorher erst den Rat ihres Schutzengels einzuholen."[ix]

In der Tat ist unser heiliges Christusselbst unser Berater und Ratgeber.

Die Sünde schreckt unseren Schutzengel ab

Der Heilige Hieronymus lehrte, dass man seinen Schutzengel vertreiben kann, wenn man seine Sünden nicht bereut. Der Heilige Basilius sagte: "Die Sünde vertreibt die Engel wie Rauch die Bienen verjagt und ein übler Geruch Tauben in die Flucht schlägt."[X)] Der Kirchentheologe Origen von Alexandria des dritten Jahrhunderts lehrte, dass der Engel, der uns begleitet, sich zurückzieht, wenn wir durch Ungehorsam unwürdig werden.

Doch Gott bestraft uns nicht, bzw. unsere Engel oder Schutzengel strafen uns nicht. Vielmehr versetzt uns die Schwingung der Sünde und des Ungehorsams gegenüber Gott in ein Reich, in das Engel nicht hinabsteigen dürfen. Wir sind es folglich, die die Mauer zwischen uns errichten. Es ist nicht so, dass sie uns verlassen würden. Wir sind vielmehr nicht mehr mit Gottes Willen im Einklang und haben daher – was die Schwingung betrifft – eine große Distanz zwischen uns und den Engeln geschaffen.

Origen zitiert auch die Lehren, die in den frühchristlichen Texten erwähnt sind. Sie besagen, dass gute sowie schlechte Engel die Gedanken und Handlungen des Menschen beeinflussen. Der jüdische Philosoph Philo und andere Autoren behaupten, dass in jeder Seele ein guter und ein böser Engel leben. Im "Hirten des Hermas", einem der bekanntesten Bücher der frühchristlichen Kirche, heißt es:

"Es gibt zwei Engel im Menschen:
der eine der Rechtschaffenheit, der andere der Lasterhaftigkeit ...
Der Engel der Rechtschaffenheit ist sanft, bescheiden, sanftmütig und ruhig.
Kommt er daher in euer Herz, spricht er mit euch sofort über Rechtschaffenheit, Bescheidenheit, Keuschheit oder großzügige Vergebung, Mildtätigkeit und Frömmigkeit.

Wenn all diese Dinge in euer Herz treten, wisst ihr, dass der Engel der Rechtschaffenheit bei euch ist. Achtet also auf diesen Engel und seine Werke.

Erkennt auch die Werke des Engels der Lasterhaftigkeit ... Wenn Wut oder Bitterkeit die Oberhand über euch gewinnen, wisst ihr, dass er in euch ist – ebenso, wenn euch das Verlangen nach vielen Dingen, nach dem besten Fleisch und nach Trunkenheit, und wenn euch die Liebe für etwas, was anderen gehört, sowie Stolz, viel Redelust und Ehrgeiz überkommen."

(Hermias, Kommentar 6,7; 9-13)

HEILIGE, PÄPSTE UND IHRE SCHUTZENGEL

Der Heilige Franziskus von Sales war den Schutzengeln sehr ergeben. Bevor er zu predigen begann, betete er stets zu den Schutzengeln der Versammlung, um die Herzen der Menschen für seine Botschaft zu öffnen. Die Autorin Gloria Gibson schreibt: Der Heilige "verschickte immer Botschaften an Freunde, indem er diese seinem Schutzengel übergab, der sie unmittelbar an den Schutzengel jenes Freundes weiter übermittelte." xi)

Papst Pius XI. war ebenfalls seinem Schutzengel ganz verschrieben. Der Autor George Huber sagt, dass Papst Pius den zukünftigen Papst Johannes XIII., der damals ein Gutsherr und apostolischer Gesandter war, ermunterte, eine ähnliche Hingabe zum Ausdruck zu bringen. Pius sagte zum zukünftigen Papst Johannes: "Wann immer wir mit jemandem sprechen müssen, der unserem Argument gegenüber ziemlich verschlossen ist, und mit dem wir daher ein sehr überzeugendes Gespräch führen müssen, wenden wir uns an unseren Schutzengel. Wir bitten unseren Schutzengel, es mit dem Schutzengel der Person aufzunehmen, mit der wir den Termin haben. Haben die beiden Engel eine Verständigungslinie aufgebaut, so verläuft das Gespräch des Papstes viel leichter."xii)

Papst Johannes betrachtete die Hingabe an Schutzengel als essenziellen Teil eines spirituellen Lebens. Er sagte einmal, dass Gott ihn über seinen Schutzengel inspirierte, sein grenzüberschreitendes ökumenisches Konzil einzuberufen. Wenn Papst Johannes zu einer Menge sprach, stellte er sich immer die Schutzengel der Anwesenden vor und schickte diesen einen stillen Gruß. Er schrieb an seine Nichte: "Es ist tröstend, diesen besonderen Wächter in unserer Nähe zu spüren, diesen Lenker unserer Schritte, diesen Zeugen unserer intimsten Handlungen." Er sagte auch: "Euer Schutzengel ist ein guter Ratgeber, der neben Gott zu unseren Gunsten eintritt, der uns in unseren Nöten hilft, der uns vor Gefahren und Unfällen schützt ... Lernt ihn kennen. Sprecht mit ihm. Er wird euch antworten."[xiii]

Die Engel greifen nicht in unseren freien Willen ein

Die Autorin Gloria Gibson fragte einmal eine Frau, ob sie an Schutzengel glaubte. Die Frau sagte:

"Natürlich glaube ich an Schutzengel. Bei zwölf Kindern brauchst du jemanden, der dich unterstützt!"

In Anbetracht der Engelsscharen, die im Haus jener Frau demnach wohnen müssen, fragte Gibson sie, ob ihre Familie sich an einem besonders sicheren Umfeld erfreuen durfte. "Sehr", antwortete die Frau dankbar. "Sicherlich, ich habe mich im Sommer vor einigen Jahren ziemlich stark verbrannt, doch das war einfach Dummheit. Schutzengel kümmern sich nicht um Dummheit."[xiv)]

Die Lehre die wir daraus ziehen können ist, dass Engel sich nicht in unseren freien Willen einmischen.

RETTUNG DURCH EINEN GEWALTIGEN, WUNDERSCHÖNEN ENGEL

In ihrem Werk "Ein Engelbuch" ("A Book of Angels") erzählt Sophy Burnham die Geschichte von einem Kind, Marilyn Mac Donald, das von einem Engel gerettet wurde.

"Marilyn war damals acht Jahre alt und [ihre Schwester] Hope ('Hoffnung') vier, als ihre Eltern Marilyn eines Tages wie gewohnt zur Schule fuhren. Eine Stunde später beobachtete [Hope], wie man ihre große Schwester zurück ins Haus trug, über und über mit Prellungen übersät und blutverschmiert. Man legte sie aufs Sofa, bis der Arzt kam. Offensichtlich war Marilyn beim Überqueren der Straße auf dem Weg zur Schule vor ein Auto gesaust, von diesem erfasst und in die Luft geschleudert worden. Ihre Eltern schauten hilflos zu, als sie auf dem Pflaster aufschlug und immer weiter auf einen großen, offenen Abwasserkanal zurollte. Doch anstatt, wie erwartet, hineinzufallen, blieb sie plötzlich direkt vor dem Rand des Abwasserkanals liegen.

Die Eltern erzählten dem Arzt diese Geschichte, und sie schüttelten alle verblüfft den Kopf. Wie konnte das Kind nur so plötzlich direkt am Rand des

Abwasserkanals innehalten, wo es doch
vorher so schnell gerollt war?

Mit einer Stimme, in der Überraschung
mitklang, mischte sich Marilyn vom Sofa
aus ein und sagte: 'Ja, habt ihr denn
nicht den großen, schönen Engel gesehen, der im Kanal stand und seine Hände hochgestreckt hat, um mich davor
zu bewahren, hineinzurollen?'"[xv)]

So begegnen Sie Ihrem persönlichen Schutzengel

Wie können Sie Ihrem persönlichen Schutzengel begegnen? Wenn Sie von nun an mit Ihrem
Schutzengel wirklich wandeln und sich unterhalten
möchten, kann Sie nichts mehr aufhalten. Es ist so
einfach, wie wenn Sie sich zu der Person, die neben Ihnen sitzt, hinwenden und sagen: "Hallo, ich
möchte Sie gern näher kennen lernen."

Ihr Engel wird Ihrer Kontaktaufnahme nicht im
Weg stehen. Nur Sie selbst können diese blockieren

– vielleicht durch Ihre schüchterne Zurückhaltung, Ihre Angst oder weil Sie vergessen haben, an den Altar zu treten – den Altar, den Sie vielleicht sogar in Ihrem eigenen Heim haben. Oder weil Sie vergessen haben, zu Gott zu sprechen, Ihre Sünden zu bekennen, ihm zu versichern, dass Sie sich bessern möchten, dass Sie ein Leben leben möchten, das Ihrem Ziel der Vereinigung mit Gott entspricht.

Daher ist es also nicht das heilige Christusselbst, der Schutzengel, der den Fluss blockiert oder von uns wegstrebt. Wir sind diejenigen, die von Gott und seinen Boten wegstreben.

Aber es ist so einfach, wie sich umzudrehen oder in einen Raum hinein- und wieder hinauszugehen, denn Sie beginnen nicht nur mit Ihrem Schutzengel ein neues Leben, sondern mit allen Engeln im Himmel, die ich Ihnen beschrieben habe. Vergessen Sie nicht – Gott machte sie zu unseren treuen Begleitern, zu unseren Begleitern auf dem Weg nach Hause. Ihr größter Lehrer und Tröster aber ist Ihr Hauptschutzengel, Ihr heiliges Christusselbst.

174

ANMERKUNGEN

1) Rev. 12, 7-9

2) Hebräer 12, 6

3) Die violette Flamme ist ein Aspekt des Heiligen Geistes, der mit Hilfe von Gebeten, Dekreten oder Affirmationen angerufen werden kann. Es handelt sich um ein spirituelles Feuer, eine Frequenz spiritueller Energie, die negative Lebenshaltungen, Gedanken, Gefühle und Verhaltensmuster in positives Potenzial umwandelt (transformiert).

4) 1. Mose 3, 13-15

5) Rev. 4, 6-8

6) Siehe "Your Inner Child of The Past" ("Ihr Inneres Kind der Vergangenheit") von Hugh Missildine; "Healing Your Aloneness" ("Heilen Sie Ihre Einsamkeit") von Erika Chopich und Margaret Paul; "Inner Bonding" ("Innere Bande") von Margaret Paul; "The Inner Child Workbook" ("Arbeitsbuch zum Inneren Kind") von Cathryn Taylor und "Healing the Child Within" ("Heilung des Inneren Kindes") von Charles Whitfield.

7)   1. Mose 3, 24

8)   2. Mose 25, 20; 21-22

9)   "The Interpreter's Bible" ("Die Bibel der Schriftin-
      terpreten") Band 1, (Nashville: Abingdon Press, 1952),
      S. 1024.

10)   Hesekiel 1, 4-5

11)   Hesekiel 1, 13

i) ii) Geddes MacGregor, "Angels: Ministers of Grace" ("En-
        gel – Diener der Gnade", New York: Paragon Hou-
        se, 1988), S. 14-15.

iii) 1. Korinther 6, 3.

iv)   1. Johannes 3,2.

v)   Habakuk 1, 13.

vi)   5. Mose 6, 4.

vii) Elaine H. Pagels, "The Johannine Gospel in Gnostic
      Exegesis: Heracleon's Commentary on John" ("Das
      Johannesevangelium in der gnostischen Bibelausle-
      gung: Heracleons Kommentar zu Johannes", Nashvil-
      le: Abingdon Press, 1973), S. 80.

viii) Heiliger Basilius, zitiert bei Peter Lamborn Wilson,
      "Angels" ("Engel", New York: Pantheon Books, 1980),
      S. 102.

ix) Heiliger Bernhard, zitiert bei "St. Michael and the Angels" ("Sankt Michael und die Engel", Rockford, III: TAN Books and Publishers, 1983), S. 36.

x) Heiliger Basilius, zitiert bei Valentine Long, "The Angels in Religion and Art" ("Die Engel in der Religion und in der Kunst", Chicago: Franciscan Herald Press, 1970), S. 97.

xi) Gloria J. Gibson, "Angels Everywhere" ("Engel überall"), Catholic Digest, Feb. 1992, S. 55.

xii) A.a.O. S. 56.

xiii) Papst Johannes XXIII., zitiert in "Catholic Digest", April 1991, S. 44; und Bob und Penny Lord, "Heavenly Army of Angels" ("Himmlische Engelsschar", Journeys of Faith, 1991), S. 48.

xiv) Gibson, "Angels Everywhere" ("Engel überall"), S. 53.

xv) Sophy Burnham, "A Book of Angels" ("Ein Engelbuch", New York: Ballantine Books 1990), S. 26-27.

DIE AUTORIN

ELIZABETH CLARE PROPHET ist
eine weltbekannte Autorin. Zu ihren
populärsten Werken gehören "Chakren
– deine sieben Energiezentren" (Silberschnur 2005) und eine Reihe von
Taschenführern zu "Praktischer Spiritualität". Ihre bahnbrechenden Best-
seller sind "Saint Germain's – Aus der
Fülle schöpfen" (Silberschnur 2008), "The

Lost Years of Jesus: Documentary Evidence of Jesus' 17-Year
Journey to the East" und "Reincarnation: The Missing Link
in Christianity" (noch nicht in Deutsch erschienen).

Elizabeth Clare Prophet ist eine Pionierin in Techniken an-
gewandter Spiritualität. Ihre Arbeiten ermittelten überdies die
kreative Kraft des Klangs für die Entfaltung unserer Persön-
lichkeit und den Wandel der Welt. Seit den 60er-Jahren hält
sie Seminare und leitet Arbeitsgruppen in aller Welt zu den
verschiedensten spirituellen Themen: Dazu gehören Engel, Au-
ren, Seelenpartner, Prophezeiungen, spirituelle Psychologie,
Wiedergeburt und die mystischen Pfade der Weltreligionen.

INFORMATION: Für weitere Informationen zu Büchern, Kassetten, CDs in
englischer Sprache und Seminaren zu den spirituellen Techniken dieses Bu-
ches wenden Sie sich bitte an:
Summit University Press 63 Summit Way, Gardiner, Montana 59030
Tel.: 406-848-9500 – Fax: 406-848-9555
http://www.summituniversitypress.com
E-mail: info@summituniversitypress.com

Weiterführende Informationen zu
Büchern, Autoren und den Aktivitäten
des Silberschnur Verlages erhalten Sie unter:
www.silberschnur.de oder durch
die Zusendung der beiliegenden *Postkarte*.

Ihr Interesse wird belohnt!

152 Seiten, broschiert,
ISBN 978-3-89845-250-2
€ [D] 6,95

Elizabeth Clare Prophet &
Mark L. Prophet

Saint Germain

Aus der Fülle schöpfen

Fülle ist mehr als nur Geld. Fülle bezeichnet den Energiefluss, der sowohl als spiritueller als auch als materieller Reichtum aus der kosmischen Quelle zu uns herabströmt. Fülle bedeutet Liebe und Weisheit, Talente und Fähigkeiten, Geld und materielle Besitztümer – all das, was wir benötigen, um unsere Lebensaufgabe zu erfüllen. Die Möglichkeiten, aus der Fülle zu schöpfen, sind unbegrenzt, und anhand der Anleitungen eines der größten Meister, St. Germain, und der einfachen, detailliert beschriebenen Techniken ist es auch Ihnen möglich, aus Ihrer persönlichen Alchemie der Fülle schöpfen zu können ...

128 Seiten, broschiert
ISBN 978-3-89845-171-0
€ [D] 6,95

Elizabeth Clare Prophet

Mantras des Westens

Auf ihre einfache und eindrucksvolle Art führt die amerikanische Bestseller-Autorin die Macht des Wortes in all seinen Nuancen vor, wobei ihre Fallbeispiele jeden noch so skeptischen Leser von der Wirksamkeit des gesprochenen Wortes überzeugen müssen ...

176 Seiten, broschiert
ISBN 978-3-89845-126-0
€ [D] 6,95

Elizabeth Claire Prophet

Seelenpartner & Zwillingsseelen

Die spirituelle Dimension der Liebe und unserer Beziehungen

Die Suche nach der wahren Liebe und nach dem perfekten Partner ist wohl das am meisten behandelte Thema der Weltgeschichte überhaupt. Tatsächlich ist dieser Wunsch nach erfüllender Liebe jedoch eine Suche nach Ganzheit.

„Seelenpartner und Zwillingsseelen" zeigt neue Wege auf, um zu Ganzheit und wahrer Liebe zu finden. Sie lernen viel Wissenswertes über Seelenpartner, duale und karmische Partner, und man beginnt zu verstehen, weshalb man gerade bestimmte Liebschaften in sein Leben zieht – sogar, warum selbst die schwierigste Beziehung geradezu ein Sprungbrett zur perfekten Liebe sein kann.

128 Seiten, broschiert,
ISBN 978-3-89845-089-8
€ [D] 6,95

Elizabeth Clare Prophet

Die Violette Flamme

Heilung für Körper, Geist & Seele

Die Violette Flamme ist ein Licht, das allen Lebensformen dient und ihnen Achtung und Würde verleiht. Sie ist ein Mittel, sich untereinander zu verbinden und eine Form spiritueller Energie. Sie ist das Attribut des geheimnisvollen Grafen St. Germain, dessen Botschaften E. C. Prophet unter anderem channelt. Heiler und Alchemisten in aller Welt nutzen diese hochfrequente Energie, um Harmonie und Frieden in diese Zeit des spektakulären Übergangs in ein neues Bewusstsein zu bringen. Der Leser erhält in diesem Band unserer "Kleinen Reihe" das Rüstzeug, um mit der Violetten Flamme zu arbeiten.

176 Seiten, broschiert
ISBN 978-3-89845-124-6
€ (D) 6,95

Gabriele Köstinger
NUMEROLOGIE
Die Wurzeln der Zahlenweisheit

Das Mysterium, das die Zahlen in sich bergen, ist seit Jahrtausenden Grundlage von Untersuchungen – hinter jeder Zahl verbirgt sich eine Wissenschaft. Bereits die Chaldäer, die Ägypter, die Essener und natürlich auch die alten Weisen der arabischen Welt waren Meister in der verborgenen Bedeutung der Zahlen.
Entdecken nun auch Sie diese einfache und doch so aussagekräftige Art der Charakter- und Schicksalsdeutung, um wichtige Erkenntnisse zu Ihren Fähigkeiten, Eigenschaften und Aufgaben in diesem Leben zu erhalten. Lüften Sie das Geheimnis Ihrer persönlichen Zahlen!

136 Seiten, broschiert
ISBN 978-3-89845-175-8
€ [D] 6,95

Jörg A. Zimmermann
So treffen Sie Ihren Schutzengel
Begegnung mit dem inneren Lehrer

Dieses Buch zeigt Ihnen konkret drei Wege auf, auf denen Sie Ihren Schutzengel treffen können und erläutert in anschaulicher sowie humorvoller Schreibweise genau, wie diese Wege beschritten werden können. Möge dieses Buch Sie näher zu Ihrem Schutzengel bringen, denn die Freundschaft mit ihm ist so kostbar wie das Leben selbst ...